大夏书系·全国中小学班主任培训用书

随园夜话

班主任的实践教育学

齐学红——主编

华东师范大学出版社
全国百佳图书出版单位
·上海·

图书在版编目（CIP）数据

随园夜话：班主任的实践教育学 / 齐学红主编 . —上海：华东师范大学出版社，2022
ISBN 978-7-5760-2901-7

Ⅰ.①随… Ⅱ.①齐… Ⅲ.①中小学—班主任工作 Ⅳ.① G635.16

中国版本图书馆 CIP 数据核字（2022）第 095770 号

大夏书系·全国中小学班主任培训用书
随园夜话：班主任的实践教育学

主　　编	齐学红
策划编辑	李永梅
责任编辑	韩贝多
责任校对	杨　坤
封面设计	奇文云海·设计顾问
出版发行	华东师范大学出版社
社　　址	上海市中山北路 3663 号　邮编　200062
网　　址	www.ecnupress.com.cn
电　　话	021-60821666　行政传真　021-62572105
客服电话	021-62865537
邮购电话	021-62869887　地址　上海市中山北路 3663 号华东师范大学校内先锋路口
网　　店	http://hdsdcbs.tmall.com/
印 刷 者	北京季蜂印刷有限公司
开　　本	700×1000　16 开
插　　页	1
印　　张	16
字　　数	237 千字
版　　次	2022 年 10 月第一版
印　　次	2022 年 10 月第一次
印　　数	6 100
书　　号	ISBN 978-7-5760-2901-7
定　　价	59.80 元
出 版 人	王　焰

（如发现本版图书有印订质量问题，请寄回本社市场部调换或电话 021-62865537 联系）

序言　为建设"班级教育学"作贡献

不知不觉间,"随园夜话"已走过了十个年头。"随园夜话"是我们非常好的学习课堂！我在这个课堂里的学习和收获是多方面的：学习到了教育同行朋友们的教育观念和工作经验；认识了一些坚守在班级教育第一线的班主任朋友；到一些中小学参加活动，开阔了自己的教育眼界。"随园夜话"是我们享受相互学习、共同成长、友好情谊的精神家园！

想到"随园夜话"，自然想到夜话的创始人齐学红老师，想到班主任中心以及积极参与夜话活动的朋友们！

"随园夜话"，是一种教育创新！为了更进一步地发挥"随园夜话"的教育创新功能，我建议今后在一段时期内，可以把建设"班级教育学"作为夜话的中心议题，围绕这个中心确定成系列的、具体的题目，尽我们的努力为建设"班级教育学"作出应有的贡献。

"班级教育学"是一门正在形成、逐渐成熟的教育学科。怎样有效地促进班级教育学建设，开展好"随园夜话"活动，我提出一些想法或建议，供有缘参加夜话的朋友们参考。

其一，先了解已有的班级教育学的著述。2016年11月，在南京举办的全国班主任圆桌论坛第五届学术会议上，我按要求提交了一篇短文《建设中国特色的班级教育学》，之后该文在《教育科学研究》2018年第4期发表。但到目前为止，就我所了解的，直接研究班级教育学的材料不是很多，但是作为学科建设的起点和基础，我们还是应当努力了解。我了解的有以下一些材料。

南京师范大学教育系的学生高学贵编著、1990年由南京大学出版社出版的《班级教育学》，曾任南京师范大学副院长的张焕庭教授为其写了序言。

魏国良著《学校班级教育概论》，1999年由华东师范大学出版社出版。

班华等著《发展性班级教育系统》一书，2000年由南京师范大学出版社出版。该书可以看到"班级教育学"的雏形。

进入21世纪，蒋莉、刘力承担的全国教育科学"十一五"规划课题"新班级教育"实验研究阶段成果《"新班级教育"的实践探索》，2003年4月由中国工人出版社出版。

当然，还有不是直接阐述"班级教育学"，但与其有着密切内在关系的著述，如班级管理学之类的，都是我们应当学习了解的。

其二，学习教育哲学、教育学和教育心理学。这是建设班级教育学必须学习的理论著作。这类著述很多，当然还需要学习教育实践。希望学习过程中能考虑"读—思—行—写"各个环节，并结合起来。"读"，包括读文字的书和非文字的实践形态的书。我到过的一些小学和中学，学校的办学理念、校园文化建设等办学实践，都体现了教育学原理，整个学校就是一本"实践形态"的教育学。20世纪90年代，我多次到过江阴华士实验小学。在2011年华士百年校庆之时，我写过一篇短文《好好学习华士这本教育学》，就是把华士看作实践形态的教育学。"思"是学习的一个重要环节；"行"指把学、思所得用到实践中去；"写"是学习的又一重要环节，把学、思、行所得写下来。

在诸多的学习内容中，我非常重视对毛泽东《矛盾论》《实践论》的学习。这两篇文章并非教育著作，也不是教育哲学，但却是指导我们认识一切问题，包括教育问题极其重要的哲学理论和思维方式。

其三，重视对当前教育发展现状的研究。要清晰地认识到反映当前时代、社会发展要求的教育思想理论有哪些，不符合时代、社会发展要求的教育问题又有哪些。

我认为在当前的教育改革和建设班级教育学中，有许多课题需要研究，有一系列工作要做。其中一个重要任务是防止教育腐败及其导致的各种教育病症和危害！教育腐败导致了诸多教育病症，如考试主义、分数主义、升学主义、锦标主义等，其后果是折磨人、摧残人、误导人！

在防治教育病症的过程中，我们应特别要解决轻视体育、忽视美育的问题。

建设"班级教育学"，必须关注党和国家有关教育改革的要求和精神，关注学校教育、班级教育现状。无论是在南京市还是在江苏省，或是在更广泛范围内的教育改革和教育建设中，我们都必须站得高、看得远！我们要做自觉的教育者，即理解教育本质，懂得人的发展和成长的规律，自觉地根据教育本质、教育目标要求，遵循教育原理、规则，从事教育实践活动。目前，我们应自觉地为促进习近平总书记提出的"育新人、兴文化"服务，即我们的"班级教育学"必须充分考虑为培养全面发展的人服务。全面发展即德智体美劳各方面都得到发展。为此，我们应充分理解德智体美劳各种素养在人的成长、发展中的作用及其相互间的关系。"体"是人各种素养发展的生理基础，是各项素质的物质载体。"智"是各种素养发展的科学基础和智力基础。"德"是人的核心素养，关系到人发展的方向性和内在动力。"美"是人作为精神生命发展的最高阶段。人的生命是精神生命。美学家张世英指出，人的生命的发展要经历四个阶段，表现为四种境界，即欲求境界、求实境界、道德境界、审美境界，与其对应的教育有体、智、德、美各育。精神生命发展的四个阶段或四种境界，都是相互联系、相互渗透的。

人的四方面教育功能与人的发展阶段是相互对应的，又是相互联系、相互渗透的。体育的功能，为人的各项素养发展提供了生理基础和物质载体。智育为人各方面素养的提升提供科学知识和智力基础。德育为人培养道德，这是核心素养，是决定人体、智、德、美各项素质的发展方向和发展内在动力的。美育，培养提升人的审美素养。体、智、德、美各育是相互联系、相互渗透、相互融合的。

"班级教育学"研究应重视研究班级心理教育。班级心育是中国心育的特色。世界各国都有各种各样的心理教育、心理辅导、心理咨询、心理治疗，但其组织形式多为个别的或团体的心育。中国注重发展性心理教育，其宗旨是优化心理机能，提高精神品质，促进人格和谐，服务人生幸福。中国是以已有的教学班为单位实施心理教育的。我们的心育与体、智、德、美各育相互融合，对这样的心育，我们称为"整体融合型心育"。实施"整体融合型心育"，为人的全面发展提供必需的心理基础。我们应在新时代中国特色社会主义思想和党的十九大精神指导下，促进增强"四个意识"，坚定"四个自信"，自觉地为"育新人、兴文化"服务。

我坚信只要我们努力，我们的班主任沙龙"随园夜话"活动定会产生创新性的教育思想，也一定会为我们的"班级教育学"建设作出可喜的贡献。

南京师范大学班主任研究中心　班华

目 录

辑 一

"随园夜话"的多重意义表达

赞"随园夜话"	*003*
"随园夜话"作为一种实践教育学	*006*
"随园夜话":一个班主任实践共同体的诞生	*010*
"随园夜话"是一种"人学"表达	*015*
这里倡导独立思考	*018*
"随园夜话"的是与不是	*021*
"随园夜话"与班主任专业成长	*024*
为了寻找远方的诗	*028*
理论与实践的"对话"	*031*
情结·情谊·情操	
——对一线班主任教育历程的理解与表达	*034*
"随园夜话":班主任职后教育的道与术	*038*
班主任实践共同体:一个文化岛屿的日常生活呈现	
——以"随园夜话"班主任沙龙第74期为例	*059*

辑 二

"随园夜话"与班主任专业成长

我与随园的故事	**077**
教育觉察	
——我在"随园夜话"这十年	**081**
"随园夜话"中的教育觉察	**085**
体悟"随园夜话"的价值	**095**
"随园夜话"伴我成长	
——相约夜话共语时	**104**
一位职校班主任的成长历程	**107**
我要回来了,你在等我吗	**118**
雨润心田,旭日东升	**122**
遇　见	**132**
随园·随缘	**136**
"香蒲"一样生长	
——记我和"随园夜话"	**139**
缘,妙不可言	**143**

在"随园夜话"遇见最好的自己	**146**
在这里,和自己重遇	**151**
"随园夜话"伴我成长	**155**
牵手夜话,共叙成长	**158**
做自觉的学习者	**163**

辑 三

"随园夜话"的影响力

最是那一份执着与坚持令人感动	**171**
"随园夜话",遇见你是我的缘	**177**
金陵日记:"随园夜话"伴我成长	**181**
我与"随园夜话"的缘	**185**
在国培项目中走进"随园夜话"	**190**

辑 四

与"随园夜话"一起成长的研究生团队

一事精致,从一而终
　　——记"随园夜话"的那些日子　　　　　　　　　197
遇见"随园夜话"的第二个年头　　　　　　　　　　200
我与"随园夜话"的小幸运　　　　　　　　　　　　202
那些年,我被安排的座位
　　——观第81期"随园夜话"沙龙有感　　　　　　205
"随园夜话"感想　　　　　　　　　　　　　　　　207
遇见"随园夜话",发现魅力教师　　　　　　　　　209

附录一　"随园夜话"班主任沙龙十年一览表　　　　211
附录二　南京师范大学班主任中心出版书目一览表　　227
附录三　从师生关系开始,让教育更"松弛"
　　　　　——走进齐学红"随园夜话"班主任沙龙　　231
附录四　齐学红:每个人最好的样子,就是教育最好
　　　　　的样子　　　　　　　　　　　　　　　　239

辑 一

"随园夜话"的多重意义表达

赞"随园夜话"

2014年1月17日新年伊始，班主任研究中心举办了"随园夜话"五周年纪念活动。班主任研究中心是1994年南京师范大学教育系成立的一个小小的班主任研究机构；中心主任是由当时教育学教研室主任高谦民老师兼任的。中心成立后，开展了班主任与班级教育研究，承担了教育部立项重点课题，邀约了各省包括内蒙古共83所中小学校参加课题研究，举办了多次全国性的班主任研讨活动，先后公开出版了《班主任与德育》《班主任与素质教育》《发展性班级教育系统》《班级：师生成长的沃土》等一系列著作。高老师退休后，齐学红老师继任中心主任，带领大家继续开展班主任研究工作。"随园夜话"则是班主任研究活动的一种创新，一种可贵的教育创新！

"随园夜话"五年来举办了50余期活动，每一期都有一个交流主题，参与者多为南京市一些中小学的班主任、学校德育及班主任工作的管理者和研究者。南京市邻近的镇江市、太仓市的班主任朋友，也常来南京参加"随园夜话"活动。另外，南京周边的安徽省蚌埠市、郎溪县，山东省枣庄市，湖北省襄阳市等地的班主任也不时前来参加。南京外国语学校仙林分校的教师黎鹤龄，如今虽已70岁高龄，却是参加"随园夜话"活动的积极分子。他积极发言，认真听取和记录他人的发言，并指导本校年轻班主任承担沙龙主持任务。南京市教育局宣德处处长及其他有关部门的领导也很关心班主任工作，经常参加"随园夜话"活动。对于市教育科学研究所分管全市班主任工作的研究人员而言，参加"随园夜话"更是为他们提供了一个研究班主任的好机会。

"随园夜话"，我赞赏它是一种教育创新，因为它是独具特色的班主任研究形式，是一种非常好的供班主任朋友们相互交流、相互学习、共同成长的乐园！每一种教育研究活动形式都有其特点或优点，但我特别地赞赏能让班主任愉快相聚、自由研讨班级教育的"随园夜话"，因为它有许多独特的优点。

"随园夜话"不同于教育科研成果的学术报告会，它不是一个人在台上作报告，其余人都坐在台下听报告。"随园夜话"的所有参与者都面对面地坐着，相互交流。当然，有时也有发言者用课件更好地表达自己的思想，或者用多媒体演示自己班级的活动。

"随园夜话"也不同于通常的学术研讨会，它不要求参与者必须事先准备好会议论文，到会上交流。"随园夜话"的参与者只要会前根据活动的主题或中心议题，写个简要的发言提纲，或者作好发言的思想准备即可；有时重点发言者根据需要做个课件就是很好的准备。

"随园夜话"的参与者都是学习者。夜话进行时，也不像科研报告会、学术研讨会那样严肃。它既不需要开幕仪式，也没有闭幕总结，开始没有领导致辞，结束也没有领导总结。"随园夜话"是一种学习活动，又似一种茶话会，是漫谈式、对话式的，但又不是不着边际的任意闲聊。"随园"是一个"园"，"园"是有中心、有范围的，参与者围绕确定的中心或主题随意地聊。夜话时既有中心，又可以自由发言，从而达到相互交流、平等对话、共同学习、共同成长的目的。

独特的"随园夜话"，让我们联想到英国的"下午茶"，它是一种休闲与友好的交往方式。独特而优雅的"随园夜话"也是一种学习与休闲方式，是一种同行朋友的聚会。"随园夜话"给人一种轻松、优雅、诗性的感觉。确实，在活动过程中，人们是放松的、休闲的、愉快的。参与者或者听着他人班级教育的有趣故事，或者介绍自己的班级教育经验，一边说着，一边听着，随意品尝着面前桌上的水果茶点，在轻松愉快的氛围中交流着、学习着。每个人物质的、精神的需要都得到了合理的满足，好不享受！

"随园夜话"的"随园"是南师大所在地域的名称，"夜话"表明活动是非正式的、夜晚才有的。参与交流活动的教师是自愿来的，既没有一丝一毫的报酬，又要付出自己并不宽裕的业余时间。他们是一群敬畏教育、忠于职责、热爱学生、积极参与班级教育研究的热心人。在这里，"随园夜话"的参与者们自由地交谈着、愉快地畅想着，不仅相互学习、共同成长，而且通过沟通增进了彼此的了解，加深了同行的友情。

"随园夜话"，让人们享受学习，享受快乐，享受友谊，作为喜欢班主任工作的人、热爱教育事业的人，能不赞赏它吗！

南京师范大学班主任研究中心　班华

2015 年 6 月 10 日

"随园夜话"作为一种实践教育学

南京师范大学教育科学学院班主任研究中心是由班华教授倡议，于1994年10月成立的，当时是作为教育系下面的一个研究机构，中心主任都是由教育系主任兼任的。中心第一任主任是高谦民教授，历任中心主任有李学农、冯建军等。班主任研究中心作为国内第一个专门从事班主任研究的学术机构，在国内学术界发挥了重要影响作用。从班华教授提出班主任专业化的概念到系统构建班主任专业化的理论体系，从提出班主任应成为学生的精神关怀者到构建班主任专业化的社会支持系统，中心始终引领着国内班主任理论的发展。目前，中心是江苏省教育学会班主任专业委员会的挂靠单位，同时作为教育部班主任"国培项目"的承办单位，在班主任实践领域同样发挥着重要的专业引领作用。

一、我与"随园夜话"的十年情缘

中心自成立以来，已经走过了25个春夏与秋冬。如果说班主任研究中心已经成长为一棵参天大树，那么，"随园夜话"就是这棵参天大树上结出的一个果实。从最初与几位教师一起研讨《精神家园共营造——班主任与每个班级》中各不相同的班级案例，到大家自发地组织起来开展系列主题沙龙，不知不觉间，我与广大一线班主任老师一起走过了人生中最宝贵的十年。除了在81期沙龙中对诸多班级教育问题的探讨外，我们还收获了深厚的友谊，结识了一群班主任研究的志同道合者。因为它是一个自发的民间活动，因此，来到这里的老师大多是出于对班主任工作的热爱，而我自己，作为一位有着中学教学和班主任工作经历的高校教师，对于中小学教育实践有着近乎本能的深切体悟与实践关怀，与一群志同道合者一起相伴成长，成为一件再自然不过的事情。在这里，我找回了久违的教育激情，开始与自己的生活史和生命成长历程对话，从一群年轻班主任身上似乎看到了初为人师、初为班主任的自己。作为过来人，我深知在他们的成长中需要专家的引领、同伴的支持，更需要成长的机会和平台。于是，"随园夜话"这一来自民间的自发组织就这样应运而生了。

为此，我们选择了一种轻松自由、平和自然的研讨方式和表达方式，选择在晚上这样一个让人身心放松的空闲时间，就是不希望给已经身心疲惫的班主任老师增加太多的负担；我们把沙龙的研讨地点放在南师大，是希望圆很多老师的大学梦，让他们能够经常走进大学校园，在感受大学学术氛围的同时，不断激发自己学习的激情，因为作为教师，作为班主任，为了更好地引领学生的生命成长，自己必须成为永远的学习者；我们把沙龙安排在南师大美丽的随园校区，选择教科院 602 会议室这个研究生论文答辩的场所，让普通班主任老师成为沙龙的主持人，就是希望他们找回作为教师的专业自信和职业幸福。这一系列美好的心愿就这样在班华教授、黎鹤龄主任两位长者的支持与见证下，在一大批有理想、有情怀的优秀班主任数十年如一日地坚持下，变成了现实，成为一个美丽的教育神话。因为这样的活动没有任何的经费支持，没有来自行政的命令，完全出自每个人的意愿；这里人来人往，没有任何的强求，越是这样，大家越是乐此不疲，往往是夜话结束后，在结伴回家的汽车上、高铁上，大家仍然意犹未尽，继续着沙龙话题的研讨。沙龙成了一个传奇，很多同行好奇地询问：你们是怎样做到的？沙龙与其说传递的是知识，不如说是一场修炼，是对一个人定力、恒心的考验。每个人都渴望传奇，难能可贵的是，我们把自己变成了传奇，这就是沙龙的魅力所在。原来教育可以这样来做，一群人的事业可以这样美好……

二、"随园夜话"作为一种实践教育学

我一直在思考，"随园夜话"作为一个班主任的"实践共同体"和一种

班主任的专业成长模式，究竟意味着什么，改变着什么？也许，"实践教育学"这一概念可以表达这样一种意义的建构过程。在这里，我们践行了这样一些教育理念。

第一，我们践行了教育即生活的教育理念。在这里，高校教师与班主任教师一起过一种专业生活，自由研讨成为一种生活样态，让年复一年、日复一日忙碌着的班主任教师有了静心思考的时间和空间，为教育即生活的教育理念提供了一个实践载体。这样的载体无论是对于高校教师还是一线班主任教师都是非常缺乏的，因而显得弥足珍贵。

第二，我们践行了教育即生长的教育理念。沙龙话题大多来自班主任的日常生活实践，沙龙活动意在与班主任的日常生活世界进行对话与研讨，在这一过程中，专家学者与一线教师成为生命成长共同体。除了班主任日常工作操作层面的问题，例如班会课的主题化、系列化研究和班主任的批评权问题之外，我们还研讨了读书与教育、音乐与教育、绘画与教育、诗歌与教育、交往与教育、体验与教育、美育与教育、生活与教育等话题。除此之外，我们还对班主任的带班方法与策略、学生发展中的问题、班主任的专业成长路径、班主任专业化的社会支持系统等问题进行了系统化的设计与探讨，把教育深深植根于学校教育以及班主任的生活土壤中。

第三，我们践行了生命教育的理念。班主任的教育实践是植根于他们的完整生活和生命质量基础之上的，所以，作为研究者，我们无法从他们作为人的完整生活中抽离出他们的教育理念和方法策略，恰恰相反，应该将这一切还原到他们的真实生活中去。为此，我跟踪了数十位优秀班主任教师的生命成长历程，叙写了班主任的生命成长故事，深入探究班主任教育情怀的由来，为班主任研究打上生命的底色。理论不再是灰色的，而是有血有肉且血肉丰满的。

第四，我们践行了教育即创造的理念。沙龙的研讨方式本身就是一种教育创新，这是班华教授对于这一实践活动的肯定与评价。这里同样不乏一线班主任教师实践智慧的创生。例如，成功转化自闭症孩子的郭文红老师，对高中班会课进行课程化、主题化、系列化探讨的袁子意老师，将家长委员会、家长志愿者制度创建在班级且不断创生班级教育资源的杨学老师，创生班干部晋级制度的韦成旗老师等。在长达十年的研讨过程中，大家相互启迪智慧，分享成为一种习惯，班华教授坚持为大家荐书，黎鹤龄主任更是把沙龙不断推介给身边的年轻班主任。"随园夜话"就这样在大家的口耳相传中，辐射力和影响力不断提升。例如，"随园夜话"在仙林大学城落地生根，形成"随园夜话"的仙林联盟；镇江润州区班主任工作室的成员不仅每月到南师大参加沙龙活动，还坚持自己每月开展沙龙研讨，形成"随园夜话"分店式的运作模式。大家相互支持，取长补短，在各自的实践领域不断将这一模式发扬光大。

第五，我们践行了教师应成为批判反思者的教师教育改革理念。经过十年的努力，"随园夜话"班主任沙龙形成一种批判反思的沙龙文化，大家不唯书、不唯上，从惯常的成功经验的介绍走向一种多角度看问题的思维方式。这里不是只有一种声音，而是有着不一样的声音和不同的表达；努力寻求教育的另一种可能，而不是追求标准答案。进而逐渐摆脱学科中心的固化思维，向着求异思维、复杂性思维方向转变。批判性思维和转化型知识分子的诞生，恰恰是教育改革的关键所在。希望教育变革在优秀班主任的主动实践下变为现实。面对问题丛生的教育现实，不是坐等自上而下的改变，而是不断创生自下而上式的底层教育实践。对此，我们可以说，我们可以做到！

第六，对于教育研究与社会科学研究价值和使命的自觉践行。教育理论界和实践领域从来就不缺乏先进的教育理念，缺少的恰恰是对这些先进教育理念的自觉践行。教育理论工作者不应仅仅成为新知识、新观念的生产者，更应成为自己教育理念或主张的自觉践行者，言行不一往往是对自己理论主张的莫大消解和讽刺。通过理论引领实践，变革实践，这才是教育理论工作者的使命和担当，也是教育理论的实践价值所在。

南京师范大学班主任研究中心　齐学红
2018 年 12 月 3 日

"随园夜话"：一个班主任实践共同体的诞生

由南师大班主任研究中心发起的"随园夜话"班主任沙龙至今已有十年的发展历程，作为一个专业引领下的班主任实践共同体的诞生，得益于专业研究机构的学术滋养、发起人对于教育契机的敏锐把握、一线班主任对于专业发展的迫切需求、专业水准的系列化主题设计，以及沙龙成员呈现出的实践智慧和教育情怀。

"随园夜话"班主任沙龙创办于2008年9月，至今已有十年的发展历程，沙龙每月一期，迄今为止共举办了83期。参与者除了南京市的一线班主任之外，还辐射到镇江、无锡、山东、河南、湖北、内蒙古等地区。除了面对面的交流与研讨之外，沙龙还通过微信公众号、QQ群、微信群进行在线直播，在全国各地产生了广泛的影响力，近年来也得到了班主任研究领域同行专家的高度认可。班华教授对此给予了高度评价，认为它是"班主任研究活动的一种创新，一种可贵的教育创新"。他虽已是80多岁高龄，但仍然坚持参加沙龙活动，身体力行地支持沙龙活动。同时，班主任沙龙也是班主任的一种专业成长路径和专业发展模式，其规律和特点值得很好地总结与提炼，进而为教师教育研究者与一线班主任教师的专业成长提供可资借鉴的地方经验。

一、班主任研究中心：一个专业研究机构的学术滋养

南京师范大学教育科学学院班主任研究中心是由班华教授倡议，于1994年10月成立的，作为教育系下面的一个研究机构，主要目的是服务于本科

教学。中心自成立以来，共出版师范院校教材以及中小学班主任培训用书40余种，承担省部级课题10余项，引领着国内班主任领域的理论发展。目前，中心还是江苏省教育学会班主任专业委员会的挂靠单位，每年以年会方式推动江苏省乃至全国的班主任理论研究，共举办了10届江苏省教育学会班主任专业委员会年会。同时，作为教育部班主任"国培项目"的承办单位，它一直承担着教育部、江苏省、南京市以及地方教育主管部门的培训任务，培训中小学班主任数万人，在班主任实践领域发挥着重要的专业引领作用。

但是，作为设在大学的一个专业研究机构，班主任研究中心与广大中小学校及一线班主任之间并没有密切的联系，对于广大一线班主任而言，大学的研究机构是遥不可及的，与自己的日常生活往往相去甚远。班主任研究是一个实践性很强的领域，一线班主任的教育实践是班主任理论的源头活水，理论的创生离不开实践，而一线班主任的教育实践也离不开理论指导。这样的共识来源于中心几代学人长期从事班主任理论研究的深切体会。如何缩小大学与中小学之间、教育理论与教育实践之间的距离，迫切需要一种体制机制的创新。

二、案例开发及教材编写：教育契机的把握

2007年，教育部开始设立班主任"国培项目"，我本人成为教育部国培项目的专家组成员，参与了教育部组织的全国万名班主任远程培训项目——"中小学班主任案例式培训教程"的编写工作及开发工作。每年有一万名班主任在中国教师研修网上进行网络课程学习。这项工作历时几年，系列成果"中小学班主任案例式培训教程"由教育科学出版社于2009年出版。

由我承担的其中一门课程后来转化为《精神家园共营造——班主任与每个班级》这本著作。组稿时上级要求提供各种不同类型的班级教育案例，且案例必须是真实的，有研究价值和讨论空间，不能是简单的成功案例。而这样的案例无论是网上刊登的还是发表的都不多见。在多方查找无果的情况下，我邀请了南京市一批有着丰富带班经验的优秀班主任撰写不同类型的班

级教育案例，即根据自己所带班级类型和班级实际情况撰写案例，可谓量身打造。因时间紧、任务重，编写者们几乎每周都要在一起讨论并修改案例。这项工作进展得非常顺利。在历时几个月的编写过程中，大家经历了一个较长的磨合期，彼此之间建立了相互信任、相互学习的良好关系，进而具备了一个专业研究团队的雏形。

书稿完成后，有些老师希望能够延续这种研讨方式，并将沙龙活动命名为"随园夜话"，因为活动是在南师大随园校区开展的，活动时间主要安排在晚上，这样方便老师们参加。于是，2008年8月，南京市金陵中学的尹湘江老师尝试做了一期题为"与班主任老师谈'恋爱'"的话题研讨。2008年9月，南京六中的陈宇老师主持了第一期"随园夜话"班主任沙龙，主题为"家校沟通与合作"，为沙龙活动拉开了序幕。

三、系列化的主题设计：专业研究团队的内核

从沙龙举办之初至今，沙龙的主题始终围绕一线班主任关心与困惑的问题展开研讨，所有沙龙话题都来自班主任的实际生活，并能在理论上引领班主任的专业发展，这正是沙龙的生命力所在。最初的沙龙主题可谓散点式的问题研讨，更多的是从研究问题的当下性、紧迫性入手，因为班主任老师最初选择在晚上的休息时间参加沙龙活动都是带着自己最急于解决的问题而来的，在日常的中小学班主任工作中是没有任何研究的成分的。中小学校有着系统完善的学科教师教研制度，尽管班主任工作是学校领导认为最重要也是最棘手的一项工作，但唯独缺少班主任的教研制度，导致班主任有了困惑的问题却无从寻求专业支持与理论支持。因此，班主任沙龙活动填补了中小学班主任教研制度的缺失。

随着时间的推移，在经历了一年多的实践话题的研讨之后，我和一些核心成员敏锐地感觉到，沙龙研讨不能仅仅停留在对工作层面具体问题的探讨，研究视野不能仅仅停留在自己班级的"一亩三分地"，应该跳出班级，站在教育的高度，从全面培养人的角度看问题。于是，沙龙进入了第二个阶

段，即有计划、有目的地加以理论引领。为此，我们设计了成系列的班主任沙龙的研讨主题。教育系列举办了读书与教育、音乐与教育、绘画与教育、诗歌与教育、心理与教育、生活与教育、交往与教育、体验与教育、德育与美育、科学与教育、仪式与教育等；班会课系列包括公开班会课、微型班会课、体验式班会课、辩论式班会、微电影与班会课、生涯规划课程与班会课等；班主任专业化的社会支持系统系列，包括班主任专业化的家庭支持系统、学校支持系统、专业支持系统、心理支持系统、自我支持系统等。同时，还有关注学生、班级治理模式等系列。系列化的研讨主题使得班主任研究向着专业性、深入性、广泛性方向发展。

四、参与式研讨：班主任实践共同体的体制机制创新

自己作为班主任"国培项目"的首席专家，虽然承担并组织过十多年的班主任培训，但是班主任集中培训的时间性决定了这样一些培训与班主任的日常生活之间的关联是短暂的。专家的报告及一线班主任的智慧分享，很难转化为一线班主任教师的教育行为。与当下的班主任培训相比，"随园夜话"班主任沙龙是一种自主性很强的实践活动，它将活动安排在晚上，即老师们下班以后的自由时间内，班主任老师自觉自愿地参与其中，没有任何外在的约束，当然也没有任何评价机制的激励。它既不算课时，也没有任何物质或精神的奖励，是一件非常纯粹的个人化的行为。这在日益功利化、世俗化的当今社会是一件很神奇的事情。

每月一期的沙龙迄今为止共举办了83期，每期沙龙都由主持人围绕一个既有实践性又有前瞻性的核心话题，组织班主任老师进行自由研讨，沙龙主持人都是自己报名的。在这里，没有专家和授课教师，大家自由地围坐在一起组成一个个小组，组内交流，集中分享。交流都是平等的，每个人都可以发表自己的观点，它不是成功经验的介绍，而是不同思想观点之间的碰撞与交流。无论是专家学者还是一线老师，都能够听到不同的声音和表达，都能有所收获，有所成长，因此才会乐此不疲地投入其中。另外，沙龙不同于

培训之处在于，它不是短期行为，而是一个持续不断的过程，它的长期性、持续性和系统性为广大一线班主任老师提供了自由交流和专业成长的平台与土壤。沙龙的部分成果分别以"班主任工作十日谈"系列、"创新班会课"系列，由教育科学出版社结集出版，其他的系列成果或以论文或以著作的方式出版。越来越多的班主任老师参与了编写工作，取得了丰硕的成果，为自己的专业发展奠定了扎实基础。他们中的很多人已成为区级、市级或省级德育学科带头人或班主任工作室主持人，在各自学校或区域发挥着重要的示范引领作用，但他们仍然持续不断地来到沙龙里汲取营养。班主任工作在理论的观照下走出了盲目性、经验性的误区，向着更加科学、有效、有趣的方向发展，越来越多的班主任老师开始享受到专业学习与研究的快乐，在与同伴的交流与分享中体会到班主任的职业幸福。

南京师范大学班主任研究中心　齐学红
2018 年 11 月 24 日

"随园夜话"是一种"人学"表达

"随园夜话"是一种关系性存在，大学教师、中小学教师、南京本地教师、省内外班主任团队不定期地参与；每次都有新的面孔出现，不用问来自哪里，只要是参与过沙龙活动的都是一家人。大家通过微信公众号、QQ群、微信群等渠道，口耳相传，没有行政的命令，完全是自觉自愿参加。在这里，每个人都有发言的机会，尤其是新加入的成员，更加受到优待；在这里，每个人都可以充分享受相互尊重、自由表达的精神愉悦，还有专家学者高屋建瓴的专业引领和答疑解惑。这里不仅有资深的德育专家、优秀的班主任，还有刚入职的年轻班主任、作为未来教师的大学生，还有圈外的教育培训机构负责人、家庭教育咨询师等，更加体现了沙龙文化的开放与包容。沙龙活动以其自身独有的魅力在学校教育的评价体制之外自然地、自由地生长着，成为一种独特的文化现象。其中体现的先进的教育观念、学术研究的存在样态，已经引起许多教育理论工作者和研究人员的关注。

"随园夜话"的发起人，这是在我所有个人荣誉头衔中最被我看重的一个。追根溯源，它来自我内心中对于人与人之间，尤其是师生之间相互理解、相互尊重的平等关系的渴望。当看到一篇中学生的随笔中写着"把去老师家做客作为最好的礼物"时，不禁怦然心动。作为学生，自己何其幸运，无论是硕士阶段、博士阶段都有多次去老师家吃饭的经历，当然也会因去一位老师家拿资料被挡在门外的经历而耿耿于怀。现在想来，也许这位老师家里不方便进入，但却从此留下了这位老师不好接近的刻板印象。

去老师家里做客的经历，同样出现在我在国外做访问学者期间与几位导师的接触中。2007—2008 年在加拿大多伦多大学访学期间，先后与许美德、玛格丽特、迈克·康纳利等老师有较多接触，也经常与熊炳纯等中国学者聚餐聊天，这种方式不仅提供了方便的学术交流机会（因为自己的英语不好，所以在课堂上的收获不大），也加深了人与人之间的感情交流。参加迈克·康纳利的叙事工作坊，听到这些外国学者围绕日常生活进行的聊天式的交流，特别为这种自由随意的表达方式所感染，这不能不说是"随园夜话"的一个学术源头。学术研究并不仅仅是写论文、做课题等严肃高深的学问，还可以是一种生活式的表达，这更符合自己的心性。其实，作为一个中文专业的教育学者，我对教育的理解是更加人文化的，而不是一味地强调科学理性，因为一切外在的表现形态都是自己内在心性的体现。

而对于人与人之间，尤其是对于师生之间平等、尊重等美好情感的渴望，是在多伦多大学访学期间被几位外国学者所感染的。常言道，一个孩子只有处在被尊重的环境里，长大成人后才懂得尊重他人。而学校教育就是要在孩子心里播下一颗尊重的种子。至今仍然清晰记得，每次去见迈克·康纳利，他都会自觉地为女士接过外套，我被他身上自然流露出的对女性的尊重和绅士风度所感染，自认为这才是真正的男人应有的样子。而与他和其他几位学者一起在多伦多繁华地区进行的告别午餐更是充满了仪式感。经由他的介绍，我得以在周一全天去他的基地学校做课堂观察，进而体悟到，要想真正了解一个国家的教育，不是看它的教科书和学术著作，而是走进中小学的班级和课堂。为了答谢他的精心安排（因为在国外，没有特别许可，研究者是不可以随便进入中小学校的，我是经由迈克的介绍，以参观者身份进入的），我特意选择了繁华地带的一家港式餐厅答谢他们。那次午餐是非常具有仪式感的，包括我的答谢词都是精心准备的——由另外一位中国学者帮我精心润色，我自己全部背诵出来。作为一名英国学者，迈克对语言的要求是非常严谨的，我每次跟他交流都倍感压力（这一点跟后来在美国威斯康星大学麦迪逊分校师从的波普科维茨截然相反，他对语言的使用非常随意，书信或短信尽可能简洁，甚至是一个"OK"即可）。至于答谢词之后，几位老师对我本人和那顿午餐的赞誉，因为紧张早已不记得了。

至于一位讲质性研究方法课的高大魁梧的男教师，在周末课余时间邀请同学们去他的山间别墅滑雪的场景更是历历在目。我们一行人分别搭乘几位同学的车子来到老师的别墅，每个人都可以自由地在楼上楼下走动，午餐是同学们自带的简餐。之后，老师俯下身来为同学们一一穿上雪鞋的那幕场景折服了我，他的形象也在那一刻变得格外高大起来。这就是老师应该有的样子，不用刻意地维护自己的尊严，他的行动胜过无数的语言。

这些感动过、折服了我的美好瞬间（只有美好的东西才能长存），不断地出现在我的日常生活中：每年请学生到家里吃饭，每个月与班主任老师们面对面交流分享；让他们站在大学的学术殿堂里自由地表达和言说自己；尽可能做到不拒绝学生或班主任老师的个人求助，无论是工作上的还是生活中的，比如多次为他们的新书作序、每月为本科生的论文写点评稿等。

感恩曾经遇到了那么多的好老师，他们把善良、美好播撒进我的心田。当这颗种子在适宜的环境下生根发芽、开花结果之时，也是对他们、对社会的回报之时。好老师是可以影响几个家庭甚至是几代人的。"随园夜话"作为一种美的存在，也一定会惠及更多的班主任，以及更多的家庭和青少年的健康成长。

南京师范大学班主任研究中心　齐学红
2021 年 8 月 6 日

这里倡导独立思考

2008年秋季参加了"随园夜话"班主任沙龙活动，印象很深的一点是，这是个倡导独立思考的地方。在每次活动的讨论中，你都不会只听到一种声音。

无论是早先有影响的陈宇老师，还是后来成为沙龙中流砥柱的"四兄弟"（韦成旗、袁子意、尹湘江和潘旭东，按年龄排序），活跃的"女将"们，以及时有到场的朱曦老师、陈红燕老师，在别人发言后，总会提出不同的意见，甚至会争论起来，使整个沙龙的气氛十分活跃、高潮迭起。

而"随园夜话"这种鼓励独立思考的特点，是与沙龙的主导人物齐学红教授的身体力行分不开的。

每次活动进入最后阶段，大家都期待着齐老师的点评，因为总能听到"我怎么没想到"的内容。

齐老师最高兴的事，是发现讨论有争论，有冲击性。有一期沙龙的主题是"家庭与教育"（孙瑛老师主持），主要围绕班主任与家长的有效沟通、与家长沟通的时机与方式、与家长沟通的案例分享等问题展开。老师们在争相发言中联系班改实践，分享了班主任（组长）与家长的多种沟通方式，并提出了个别沟通、集体沟通、教育沟通、资源沟通等概念。齐学红老师在点评中特别指出，本期沙龙中老师们提出了很多有冲击性的概念，如"就事论事"与"追根溯源"、"日常"与"基础"、"同边"与"异边"、"学生在场"与"学生不在场"等，反映了沙龙的研究性发展，这是一种能力的提升（内容摘自韦成旗的报道）。这是在鼓励一种风气，一种独立思考、求真务实的风气。

记得还有一期是讨论"让学生在评价中体验成长的快乐"。承办的主持人非常认真地介绍了一些学校的实践经验，有个案，有表格，林林总总，非常丰富；班主任老师们对如何做好学生评价的讨论也十分热烈。没想到齐老师在活动最后的点评中却表示了对太在意评价的担忧，她说："对孩子需要做那么多的评价吗？评价是件危险的事，要谨慎。"她主张教育更像农业，要顺其自然，不要统一标准。评价，要为每个孩子量身打造，充满温暖，给学生惊喜和唤醒，照亮孩子。"评价应是唤醒，而不是诱惑。"齐老师语重心长的话语，不是甘霖，胜似甘霖，使我们的头脑一下子清醒了许多。

这样具有反思性、批判性的点评，几乎成为一种常态，老师们岂能不受影响？齐老师就是这样以批判的、独特的眼光，引领大家警惕对儿童健康发展的种种误伤，扶持大家的思想解放与创新。

讲到思想解放，还记得"科学与教育"的讨论吧？

在传统的班主任沙龙里，谁会安排对科技教育的讨论？"我们是做德育的，那些问题让科学老师去讨论吧。"可是，"随园夜话"专门安排了对这个主题的讨论，齐老师在点评中认为讨论中传递的信息令人震撼，这一研究填补了班级教育的空白，非常值得用心去做。不仅如此，她还指导韦成旗、杨学在研究生整理的文献基础上，将这部分讨论内容加以梳理和提炼，成为《班主任工作十日谈：道法自然》里的精彩一章。这是齐老师在鼓励大家跳出学科及领域的束缚，解放思想，有所创新。

齐老师支持跨学科研究是有深刻的学术背景的。控制论的创始人维纳说过："在科学发展上可以得到最大收获的领域是各种已经建立起来的部门之间的被人忽视的无人区。"他还说："正是这些科学的边缘区域，给有修养的研究者提供最丰富的机会。"齐老师正是秉持这样的理念，支持和指导骨干老师开展以班主任工作为中心的跨学科研究。《班主任工作十日谈：道法自然》一书就涉及十个领域：读书与教育、生活与教育、美育与教育、科学与教育、心理与教育、音乐与教育、体育与教育、绘画与教育、交往与教育、影视与教育。这些看得见的成果当然令人高兴，而骨干老师们在研究和提炼过程中思维品质的提升不是更令人欣慰吗？

本人也是齐老师鼓励创新的直接受益者。2013年我参加齐老师组织的班主任角色认知研究期间,用短信的方法收集到135条信息,经过分析写成初稿。齐老师不仅赞扬我所采用的科研方法简便易行,让我在"随园夜话"沙龙上同大家分享这次研究的经历,而且亲自修改稿件并推荐给《中小学德育》杂志,使《对班主任角色认知的一次调查》一文得以在该杂志上发表。

齐老师主导的"随园夜话",使参与的老师们对班主任工作的认识有了进一步的了解和掌握;但更重要的是,这里的活动使参与者有了更多的科学精神,其中之一是学会独立思考,它不仅能分享知识,还能创造新知识。看那一本本既接地气又颇具创意的班主任书籍相继问世,一个个专家型班主任脱颖而出,我不禁感叹:这种局面,别处哪儿有?

南京市玄武区教师发展中心　黎鹤龄
2018年9月3日

"随园夜话"的是与不是

"随园夜话"是什么，又不是什么？

我们敬爱的班华老师说，"随园夜话"班主任沙龙是一种教育创新，是独具特色的班主任研究的新形式，是一种非常好的与班主任朋友们相互交流、相互学习、共同成长的乐园！它不同于汇报教育科研成果的学术报告会，也不同于通常的学术研讨会。

班老师还说，它是一种学习活动，又类似一种茶话会，是漫谈式、对话式的，但又不是不着边际的任意闲聊。独特而优雅的"随园夜话"，让班老师联想到英国的下午茶。这是一种友好交往的方式，也是一种学习与休闲。

班老师说"随园夜话"的是和不是，让我们加深了对"随园夜话"的认识与理解，也激发参与者给出自己的理解。

吴申全老师认为，"随园夜话"班主任沙龙是"自由的空间"。于洁老师说，这里是一群虽在现实教育枷锁中苦苦挣扎却依然对教育持有坚定而又美好信念的人的河湾。2011级教育学原理研究生王飞则说，"随园夜话"班主任沙龙就是我的教育实践经验的来源之地。

以上所说见之于齐学红主编的"班主任工作十日谈"系列（教育科学出版社出版）中班华老师写的"序"和齐老师写的"编者的话"。齐老师在此基础上说，总之，正如班华教授所言，"随园夜话"班主任沙龙可以称得上一种教育创新，它搭建了理论与实践之间对话交流的平台，构建了一个由高校教师、教育行政部门、中小学校与中小学班主任组成的学术生活共同体。

那么，我怎么看"随园夜话"？

2011年1月1日，我在给韦成旗等几位长期坚持参加"随园夜话"活动的老师发了新年祝愿短信："愿我们把'随园夜话'论坛作为润泽心灵的港湾，吸收和贡献智慧的平台，成长与发展的阶梯。"七年过去了，我还是认同说过的话。

从个人的层面，我还要说，"随园夜话"班主任沙龙是我人生道路上的"加油站"。天天在行走，光有物质食粮是不够的，还得有精神食粮。每次参加活动，听到那么多来自一线教师的生动经验，听到那么多教授睿智的点评，这不是"加油"是什么？每来一次，我的精神就充实一次。所以参加"随园夜话"的活动，对我来说，不是任务，不是外在的要求，而是我内心的需要，是一种由衷的期盼。

从学术上看，我们的"随园夜话"是不是"知识实践社团"呢？美国学者戴布拉·艾米顿认为，"'（知识）实践社团'可定义为那些通过完成共同使命，创造附加价值，并随着时间的推移不断进化的学习网络"。"如果未来属于那些能改变'边界'的人，那么这些实践社团的参与者就代表了明日的领导。"对照定义，看看"随园夜话"——一群志同道合的人，在教授的带领下，正在为推进中国的班主任事业这一共同使命，不断地探寻规律，开辟新路，创造价值，在促进孩子们健康成长的同时，也创造着自己的幸福。

家里有本《卡文迪什实验室——现代科学革命的圣地》，讲述了卡文迪什这个实验室实际是英国剑桥大学的物理系，它从1871年创立到作者出这本书时为止，已培养出25个诺贝尔奖获得者、上百个皇家学会会员，为英国和世界各国培养了数以千百计的著名物理学教授，在世界上产生了极为深刻和广泛的影响，并且其研究一直处在世界科学前沿。作者分析这个实验室成功的原因有四个：人才与成果、传统与出新、一代与多代的关系、负责人的素养和组织管理能力。

我们的"随园夜话"是个类似茶话会的松散型社团，与上述的顶级科学家实验室真的不好比，但是这个实验室成功的经验对我们总结历史、规划未来是不是有一定启示？答案是肯定的。

"随园夜话"十年来，在"人才与成果、传统与出新、一代与多代的关系、负责人的素养和组织管理能力"四个方面，有不少可圈可点的地方；而同样重要的是,"随园夜话"今后十年、二十年以至更远的未来如何发展,不也需要关注吗?这使人想起英国最杰出的商业哲学家查尔斯·汉迪说过的话:"如果你走进一家公司,它摆有自己的历史展览,你就该担心;但如果你走进一家公司,它摆有未来前景的展览,你就该兴奋。因为未来最大的激动人心之处就是我们能塑造它。"

"随园夜话"已经培养出一大批年轻好学的班主任骨干,相信他们会在齐学红等教授的引领下,积极总结"随园夜话"的历史,展望与塑造"随园夜话"的未来。

再努力十年、二十年,到那时,"随园夜话"又是什么?

南京市玄武区教师发展中心　黎鹤龄
2018 年 9 月 5 日

"随园夜话"与班主任专业成长

南京师范大学班主任研究中心发起的"随园夜话"班主任沙龙,举办十年来促进了一大批年轻班主任的专业成长,其中坚持参加活动的骨干班主任,大多已成为市或区一级的德育学科带头人。他们活跃在各级各类班主任培训场所,参加编撰的班主任研究书籍不断出版问世。这样一个来自民间的非正式组织越来越受到社会各界的广泛关注,"随园夜话"班主任沙龙带给我们怎样的启示呢?

一、班主任研究有着巨大的社会需求

就广大中小学教师而言,学校工作主要包括两大板块:教学工作和班主任工作。随着社会形势的发展,认为班主任工作没有教学工作那么重要的认识,几乎很少有了。可是,支撑这两大板块的教研组织及其教研活动却是大相径庭的。学科教研,从省到市到县(市、区)都有专门的教研室组织活动和指导工作,而班主任的教研活动却普遍无制度可言,既没有专门的班主任教研部门,也少有这方面的专职教研员。这两年有些变化的是,学校安排的"班主任例会"多了起来,但大多也是以布置工作为主,班主任教研活动严重缺失的情况改变不大。

目前这种状况,与国家强调"立德树人"、加强班主任工作的要求有着巨大的差距。班主任在班级教育及班级管理中遇到的问题、班主任自身专业化的问题,等等,因其广泛性和复杂性而需要专业和理论的解答。在这种状况下,广大班主任迫切希望有经常性的、有效的班主任教研活动,也就不足为怪了。

"随园夜话"沙龙的诞生，恰恰是顺应了班主任专业发展的要求。它从一诞生起，就针对班主任自身发展及其工作的真问题，一个专题、一个专题地展开研究，吸引了越来越多的班主任，产生了越来越大的影响。其精神，其经验，弥足珍贵。

《国家中长期教育改革和发展规划纲要（2010—2020年）》中指出，"要以体制机制改革为重点，鼓励地方和学校大胆探索和试验，加快重要领域和关键环节改革步伐"。班主任工作及班主任专业发展，无疑是以落实立德树人为根本任务的基础教育、职业教育领域的"重要领域和关键环节"，相信教育行政部门会从"随园夜话"班主任沙龙的创立与发展中看到基础教育改革的呼唤，看到广大班主任的强烈要求，及时推进班主任教研体制机制的建立与教研活动的正常开展，使国家的要求真正得以落实。

二、专题研讨式沙龙是促进班主任专业发展的良方

很多培训引不起班主任的兴趣，一个重要原因是这些培训班多半采用讲授式的培训方式。接受培训的班主任水平不一、需求各异，很难用一个讲座来满足所有班主任的需要。而且，班主任由于没有积极参与，很难对培训内容留下深刻印象。

"随园夜话"班主任沙龙采用专题、互动研讨的方式培训班主任。沙龙每次开展活动都是围绕一个话题，先小组讨论，让不同的思想碰撞。小组讨论的意见概括后用粗笔写在A3纸上，然后大组交流。这种做法，使人人有机会参与，每个人都动起来。正如班华教授评价的那样："'随园夜话'是一种学习活动，又似一种茶话会，是漫谈式、对话式的，但又不是不着边际的任意闲聊……'园'是有中心、有范围的，参与者围绕确定的中心或主题随意地聊。夜话时既有中心，又可以自由发言，从而达到相互交流、平等对话、共同学习、共同成长的目的。"

这种轻松、活泼、有效活动的背后，是专家的精心指导。每学年之初，

班主任研究中心都会召开沙龙中心组会议，根据大家收集到的有关班级工作和班主任专业化方面亟待解决的问题，确定学年研讨专题。在沙龙的发展过程中，专家还引导班主任们思考，如何让沙龙的话题既关注眼前工作，又关注自身思想的提升、视野的拓展。沙龙采取主持人负责制，鼓励班主任们依据自己的兴趣和特长选择承担某期的主持工作。这一做法调动了广大参与者的积极性，每次活动也彰显了不同的个性。

这种有组织、有计划的班主任沙龙，内容来自班主任工作实践，活动方式是专题、互动研讨，每个人都是沙龙的参与者，每个人的主体意识都被充分唤醒，而且形成每月一次的运行机制，能坚持参加的班主任，其专业化水平明显提高。一位骨干班主任说，正是和"随园夜话"的相遇，帮助他逐渐地从寻求外在的价值认同走向内在的自我肯定，确定了自己的人生理想和专业思想。

三、专家引领是班主任专业发展的保证

"随园夜话"班主任沙龙能够坚持十年，成效和影响越来越大，最重要的是有以齐学红教授为代表的一批专家的引领。这些专家有着深厚的教育情怀，丰富的心理学、社会学及教育学学养，强烈的实践意识和反思意识，认真严谨的科学态度，关注班主任工作经验和生态以及基础教育改革前沿性理念，不仅是广大班主任的指导者，也是他们的良师益友和心中楷模。

专家们对班主任沙龙的引领表现在多个方面。一是搭建讨论的平台，使所有参与者都有经验和思想交流与碰撞的机会。正是这种充分讨论甚至争论的平台，促进了班主任主体意识的觉醒，使其"得以从教育的角度，站在人的立场上，而不仅仅从管理的角度看待自己的教育对象，进而不断丰富自己的教育人生"（齐学红语）。二是注重思想方法的引领，专家特别注意培育团队独立思考、理性反思的习惯。每期沙龙活动，在一个人发言后，总会有人提出不同的意见，甚至会争论起来，使整个沙龙气氛活跃、高潮迭起。而专家适时理性的点评又让大家有了不一样的思考。正是因为专家们注重思想引

领,一大批班主任"从最初习惯性地介绍自己的成功经验和做法,到探讨同一问题的不同解决方式,从求同思维到不同观点之间的批判与争鸣,实现了从经验型班主任到研究型班主任的蜕变"。

"随园夜话"班主任沙龙,重视发挥专家的引领作用,重视培训方式的创新,因而使一批班主任能较快地成长起来,相信这一经验会得到更多的关注。

南京市玄武区教师发展中心　黎鹤龄

2019年1月16日

为了寻找远方的诗

因为我的办公室在田南楼605，紧挨着602的大教室，有好几次加班晚归，总是那么巧合地遇到一群人在电梯口、电梯里、楼道里、下坡的台阶上意犹未尽地议论着什么，一听话语便能猜测到是与班主任工作有关。终于有一天，我忍不住问齐学红老师：那些晚上你们那么多老师在这里干什么啊？齐老师告诉我是做一个班主任的沙龙，每月一次。很有意思的活动，我说我也有兴趣参加，下次可否通知我？齐老师说当然欢迎啊。下个月的一个晚上，我就参加了"随园夜话"，那时大约是2009年的初冬。

南师大班主任研究中心是由班华先生率先在高校中成立的学术性研究机构，而齐学红老师组织的"随园夜话"可以说是在全国高校开班主任研讨沙龙之先河。由高校的研究机构用学术作为支撑搭建的这个平台，完全是为一线班主任建立的精神家园和专业归宿。我也是通过这个平台先后认识了南京及全省乃至全国的一些优秀班主任，如吴虹校长、陈宇老师、袁子意老师、吴申全老师、韦成旗老师、郭文红老师等。越来越多的班主任老师在这里聚集，大家谈论着共同关心的话题，好的心情可以分享，不好的心情也可以得到释放，这样的沙龙是别具风味的，我们每个人都被这样的氛围感染着。

2010年，班主任研究中心首次承办骨干教师国家培训项目，来自全国各地的150位初高中骨干班主任汇集到南京。这次培训办得很成功，有一定的突破性意义，其中的一个课程就是将"随园夜话"的形式搬到了培训班。学员们对这种研讨方式十分感兴趣，许多学员还将这种方式带回本地，组织更多的班主任加入专业成长的队伍，呈现一派星火之势。"随园夜话"让我们有了更为广泛的研究基础，也为学术研究成果的转化有了可以共享的对象，当然也遇到了许多新的问题和挑战。好在一批批优秀的班主任成长起来了，他们既成为了名师，又是学生的良师。

应该说南京的许多班主任是"随园夜话"的最大受益者。2016年，来自南京市各区属和市属中小学的103位优秀班主任老师于3月25日集结于雨花台中学，开始了一场具有修行意义的专业培训之旅。市教育工委、教育局的领导与承办单位的负责人为此次研修壮行，这极大地鼓舞了参加研训的班主任的激情。会后我特别注意到了一些学员，他们都似曾相识，原来都是"随园夜话"的常客。2016年，在市教育局的支持下，我们还专门召集了20多名优秀骨干班主任组成卓越班主任培养人选，他们给"随园夜话"又带来了一股新的力量和生机，也让"随园夜话"的功能不断地扩大。

转眼十多年过去了，"随园夜话"既是一段班主任成长的多体裁的叙事，也是走向远方寻诗的旅程。当然，旅途注定是要经历艰辛的。莲花学校的李校长说："要像坐绿皮火车一样，虽慢但不失风景和故事。""随园夜话"就是这样一列绿皮火车，一路上旅人上上下下的，产生了许多动人的教育故事。一线的许多老师每次在参加夜话的时候都要克服带班上课、学校业务活动安排、家庭生活操持等许多困难，但是他们都会按照规定的行程坐上这列研修的绿皮火车。我能感受到每次他们都是怀着不同的心情和思绪匆匆上车，但同样也感受到在中途车站下车的时候他们的心态有了很大的一致性。看风景、聆听、沉思、联想、发呆、闲聊、争论、讲故事、奋笔……一切都是那么自然地发生着。于是，我明白了："随园夜话"这趟绿皮火车应该是让老师们产生故事的一段职业生涯的旅程。我希望他们每一位都产生故事，产生很多的故事，动人的和无趣的，荡气回肠的和不堪回首的，喜悦的和伤感的，智慧的和愚蠢的，有意义的和无聊的……所有这些故事才能构成教育者的职业人生。当然，所有的故事都应该是在追求教育真善美的道路上发生的一个个生活的插曲，都可以作为窗口的风景。在如今的公共舆情和社会价值观中，做一名班主任是很为难的。每每听到有班主任老师说要以爱或奉献作为班主任的核心素养时，我总会产生一种说不清的酸楚。但是，"随园夜话"的班主任从来都是心甘情愿地来参加研修的。面对这样一群有着教育执念和情感的人，我希望今天他们手里拿到的不只是一张"随园夜话"的纪念贴，更是一张约定下次旅行的车票。

雅斯贝尔斯认为，只有通过个体与个体之间"我与你"生命存在的相互对话，才能走向真实的共同体。他说："人与人的交往是双方（我与你）的对话和敞亮……如果存在的交往成为现实的话，人就能通过教育既理解他人和历史，也理解自己和现实，就不会成为别人意志的工具。""随园夜话"的意义不仅在于让班主任老师有个说话的地方，最为重要的是让老师们有一个精神的归宿和寄托。而且，"随园夜话"的方式开辟了本土教育研究的一种独特方式，让中国教育学有了自己的学术话语之地。我把"随园夜话"的这种方式称为"想象的共同体"。当社会学意义上的"共同体"概念引入教育领域并逐渐演变为"教师学习共同体"的时候，我们才能真正体会到这样的"想象的共同体"在广泛地促进班主任的专业自觉与专业能力提升过程中具有不可替代的独特作用。

南京师范大学班主任研究中心　朱曦

2018年10月9日

理论与实践的"对话"

每个月，总有那么一天，每当夜幕初垂之时，我们都会相约在南师随园，共享"随园夜话"班主任沙龙这一盛宴。每当这时，来自南京本地以及周边地区的一线班主任老师们，刚刚从各自的学校结束一天繁忙的工作，便马不停蹄地赶赴到沙龙现场，继续夜晚的交流与分享。每次迎接老师们到来的，正是以齐学红教授为首的南京师范大学班主任研究中心的研究团队。

"随园夜话"班主任沙龙创始于2008年9月，从第1期到第80期，至今已整整走过十个年头。十年的光景，弹指一挥间；十年的光景，伴随着沙龙的连续举办，又是惊人的漫长。春去秋来，时光荏苒，沙龙的十周岁生日，见证了每一位沙龙成员不忘初心的坚守与日进日新的成长。

我很幸运，自己也是"随园夜话"班主任沙龙的一员。2009年11月，我有幸在学院所在系科领导的推荐下，走进了南师大班主任研究中心，从此跟"随园夜话"结缘。那时的我，还只是一个刚刚参加工作五年的年轻教师，从高校辅导员岗位转至教学科研岗位不过一年多的时间，而我的儿子也才两岁。刚走进沙龙时，我充满了好奇，在高校里也参加过不少沙龙，心想：这个沙龙到底有何不同呢？在大学的象牙塔中，我们见到的多半是在大学任教的老师们，我们的学术研究基本上是在书斋中完成，我们的学术交流也大多囿于高校教师这一同行圈子。然而，作为一名教育研究者，我们的研究领域主要面向基础教育。既然是研究基础教育，那么，我们除了向书本学习，更重要的是，还必须向基础教育阶段的老师和学生们学习。"随园夜话"班主任沙龙的不同之处便在于沙龙成员除了研究班主任工作的大学老师以外，更多的是来自广大一线中小学的班主任老师及德育工作者们。高校与中小学校的交流，理论与实践的交锋，是这个沙龙的独特之处。很难说是谁引领了谁，抑或是谁帮助了谁，有的只是相互的成全以及彼此的成长。我很荣幸，在我刚刚从事教育研究的起始阶段，是南师大班主任研究中心让我找到了鲜活的研究领域，是"随园夜话"班主任沙龙让我体认到了教育研究所应遵循的现实关怀。

就在结识"随园夜话"的同一年，我开始在职攻读博士学位。自那以后，边工作、边学习、边带孩子成为我的生活日常。那段时间，我深刻地感受到工作学习与家庭生活之间的冲突，体会到既有的社会性别规范对女性发展的限制、考验与挑战。我相信每一位女教师都会有着与我类似的体验，尤其是女校长，她们的付出与艰辛更是超乎常人想象。于是，作为一名教育领导与管理专业的研究者，我的博士学位论文选择了做"一位中学女校长领导工作的实地研究"。说起来，我的博士论文也跟"随园夜话"有着特定的缘分。"随园夜话"吸引了班主任老师，也集结了一批具有教育情怀的校长，他（她）们在沙龙里畅所欲言、献计献策，用自己的工作热情和工作智慧感染着沙龙里的每一个人。尤其是沙龙里的几位女校长，她们铿锵有力、激情四射，对教育的专注与投入让人敬佩。我的博士论文的研究对象，正是从"随园夜话"沙龙的成员中精心选择的，之后的调研工作也得到了沙龙成员的深度理解与积极配合。这为论文研究提供了可贵而有力的支持，令我终生难忘。从这个意义上来说，我的博士论文在某种程度上是"随园夜话"成就的。

2016年6月，我终于完成了漫长的博士学位攻读之旅。2017年5月，我开始孕育人生中的第二个孩子。就在这前后两年的时间里，因为忙着论文的冲刺，也由于高龄孕育，我渐渐淡出了"随园夜话"的沙龙现场。虽然没能亲临现场，但我还是时不时地通过通讯报道、微信朋友圈等多种信息渠道，关注着每一期"随园夜话"的开展。沙龙依然如期而又连续地举办着，从一开始自发地选定主题，到后来有组织、有计划地设定主题，沙龙愈发显现出理论探究的品质。沙龙的场所也从南师随园的田家炳楼逐渐延伸到南京多所中小学的校园里，沙龙的阵地愈发广阔。沙龙的成员从南京扩展到镇江、无锡、合肥、青岛等，影响力愈发深远。

2018年8月，"随园夜话"班主任沙龙迎来了十周岁生日。沙龙在前行，成员也在不断成长。十年的坚守，让沙龙的核心成员在近年来的各种德育赛事或表彰中喜获佳绩：有的获得了长三角地区班主任基本功竞赛的一等奖，有的被评为南京市德育带头人，有的成为"斯霞奖"得主，有的著书立说，有的成立了以个人姓名命名的班主任工作室……这些都是沙龙成员为"随园夜话"奉上的最好的生日礼物。时值沙龙成立十周年之际，我的儿子升入了小学高年级，我的女儿业已半岁有余，我从一名大学讲师变成副教授，并且也开始带硕士研究生了。我领着自己的第一个研究生参加的第一个学术活动，便是再一次走进"随园夜话"班主任沙龙，重新回归到理论与实践相交融的教育对话中。我希望我的研究生也能在读书中求得真知，在沙龙中学会分享，用理论观照现实，用现实点亮学识。

十年，我们和"随园夜话"一起，从青涩慢慢走向成熟；十年，我们和班主任老师一起，从陌生变得熟悉。一路走来，感恩每一位给予我关心和帮助的贵人！期待下一个十年，我们依然能携手同行，祝愿沙龙走得更高更远，祝福每一位沙龙成员遇见更好的自己！

南京师范大学教育科学学院班主任研究中心　陈红燕
2018年8月10日

情结·情谊·情操

——对一线班主任教育历程的理解与表达

十年前,带着一种深藏心底的情结,我来到了与幼儿园及中小学一线教师、校长们接触密切的教育科研单位,尝试用行动来铸造自己做基于教育实践问题解决的研究梦想。也许就是因为这种情结,在兼顾繁忙的工作与繁重的家庭负担之余,我走进了南师大班主任研究中心,加入了"随园夜话"团队,与美丽、智慧的齐学红教授以及班主任老师们相识、相知、相惜,难以相忘。在这种自由、宽松、不纠结的情感氛围中,我们相互关切、彼此爱护,长久以来也就结下了深厚的情谊。和班主任老师在一起,经常会被她们场景性的描述所打动,她们描绘的这些场景、经历,有感性的情绪和理性的思考,有无数次尝试之后的挫败与欣喜,有一直坚守对抗的死磕,更有彷徨后的智取与正面教育智慧带来的意外之喜……被他们的教育历程、教育故事、教育表达所感染,这是经过深思熟虑之后由感情和思想综合起来的不轻易改变的心理状态,我称之为情操,一种无须谈高尚的朴实与忠诚,一份无须谈伟大的淡定与执着。我觉得这就是班主任老师们的教育情怀。

在这十年里,与大家一起共同围绕班级教育、班主任专业发展支持、教育资源、教育观察、核心素养、体验式教育、交往与关怀教育、教育者情怀等教育核心话题进行学习与探讨,也有幸能对数十位班主任老师的教育历程进行细致入微的解读,我受益匪浅。通过倾听班主任个人的教育历程叙事与多维表达,我更坚定了自己最初的实践研究信念。特别是读完齐学红教授的《班主任的教育情怀从何而来》后,我开启了思想的闸门,触动我必须写点什么来表达对班华教授、齐学红教授、朱曦副教授等"随园夜话"的各位专家、老师的崇拜与敬意。

一、情结铸就教师的理想信念

伟大的教育家陶行知受其求学、生活经历及时代背景影响，一生坚守"爱满天下"的教育信条，"捧着一颗心来，不带半根草去"，践行大爱、博爱，坚守平等与广泛的爱，"平民教育"情结铸就其爱满天下的教育理想信念。南京师范大学附属小学的斯霞老师从18岁开始当教师，爱小学教师爱得痴迷，爱得纯真，不为地位所动，不为金钱所动，她只喜欢当小学教师，只喜欢学校。正是由于爱学生、爱学校，她对于从事教师职业终身无悔，才有"童心母爱"的教育思想闻名全国。

"随园夜话"的班主任老师虽然没有成为人们口中的教育家，但是他们没有一位不是内心充满着教育情结而幸福地做着教师的。他们有的是从学生时代开始就梦想着做教师，由于对教师的喜欢、敬佩、崇拜，感悟着教师对自己的教育力量，在内心深处就浓重地种下了教育情结；他们有的从小生活在教师家庭，祖辈、父辈就是教师，带着祖辈、父辈建立起来的教师家风与家训，不知不觉中就期待自己也能成为一名教师；当然，也有的如我一样并未有意成为教师，但在从教的过程中，因为受职业感染力、教育对象等影响而许下做一名好教师的愿望。不管因为什么，这种内心的情结就成了为人师者的内在驱动力。做一名教师，做一名学生喜欢的教师，做一名好教师，将成为每位班主任教师的教育理想与信念。正是因为有了这种情结，在教育生活场景中，即使会经常面对纷繁复杂的教育选择、充满挑战的教育关键事件、不同时期不同人对自己的质疑与不信任、自我怀疑等，但内心拥有教育情结，也就自然难以割舍、难以忘怀、难以放弃心中的理想与信念。

二、情谊维护教师的仁爱之心

"随园夜话"的每一位专家教授和班主任教师心中埋藏着的教育情结会铸就自己的教育理想与信念，而在教育工作与生活中与同侪、同学们产生的浓厚而深切的情谊往往会一直维护着教师的仁爱之心。

在教育的过程中，如果没有仁爱之心，就不可能让教育者与受教育者的心灵发生触动，就不可能有和谐的师生关系，更不可能有教育影响力的发生。

在与"随园夜话"的每位班主任老师一起学习与交往的过程中，我发现他们特别善于用多元的方式讲述自己的教育故事，描述着自己曾经喜欢或不喜欢的同学、难以相处与很好相处的同事、生活中的贵人与认可自己的领导、学习过程中巧遇的智慧学者等，这些关系之间生长出来的温暖情谊一直滋润、激发着自己的仁爱之心，做一个充满爱、学会爱的德性教师成为大家的共同价值观。在这个价值王国里，同学是一样的，但每个又都不一样，他们在学习中可以犯错，也必然会犯错，吵架、对抗是正常的，因为没有对抗与质疑，认识不可能得到增长，认识没有增长就无法成长，而没有成长的教育是虚假的，虚假的教育无法体现教师的仁爱之心。

第一，班主任要超越世俗与功利，爱学生。平日里听班主任老师们讲述自己的教育故事，虽然偶尔也会有些许彷徨与无奈，但通过老师叙述的学生眼中的自己及自己眼中的学生，都可以看出班主任老师们无论在最初与学生建立关系时，还是在学习、交往等师生关系相处过程中，都在思想与行动上超越世俗、拒绝功利。并且，这种个性、风格甚至是德性价值，学生是了解、理解的，并且对学生产生了非常重要的榜样影响力。这种师生之间的教育影响力，对班主任老师内心的道德、激情及教育的智慧与行动都是至关重要的精神动力。这种永远斩不断的师生情谊，会无限制地对教师超越世俗功利予以积极的正反馈，也将永远滋养着教师的仁爱之心。

第二，班主任要肩负责任与使命，爱教育。通过聆听老师们叙述的自我成长过程，可以发现不管到了哪个成长阶段，他们都在不断学习，不断扩展、完善自己的知识结构，丰厚自己的教育素养，审视自己的教育行为与方法。在学科教学与班级教育过程中，班主任老师们坚持自主创新，特别是面对学生教育难题反复出现、难以解决所表现出来的耐心与恒心，充分显现了他们澄明的内心与思想，并能够坚持行动，不断努力地表达着对教育的热爱。

三、情操诠释教师的思想与行动

主张"生活德育"的鲁洁教授认为，道德教育必须是对"人"的教育，德育的目的是让受教育者"成人"。换言之，道德教育从根本上说，是"使人成为人"的教育，就其具体目标来说，是"成就人的德性"的教育。因此，教育活动和道德教育活动要促进基于人的生存本性的自我超越，"使人成为人"。班主任教师所做的不仅仅是简单的管理工作，而是专业性非常强的育人工作，关系到班级里每个学生的成长与发展。

十年来，通过对"随园夜话"的专家、教授、班主任老师们的生活史、教育实践历程的倾听与学习，我发现他们的教育行动诠释着他们由感情和思想综合起来的那种不轻易改变的心理状态，即情操。他们践行"德育生活化"，由新手班主任的注重创意与个性到成熟班主任的注重经营与表达，按照自己的思想价值体系完成班级教育工作。他们主张"教学做合一"，除了完成教学任务，还要运用科学与艺术努力激发和培养学生的自我意识，增强其与周围世界和谐共处的能力，更要以心灵开启心灵、智慧影响智慧的方式，传递丰富的教育情感。他们注重在学生心中埋下善良、友爱、自由、平等、公平等私德与公德的种子，推崇情感教育，在构建和谐的师生关系和处理班级事务的过程中，培养学生的责任意识，重视仁爱教育，建立正义制度，优化教育环境等，不仅仅承担起为学生的今天发展助力的责任，也肩负起培养学生一生受用的完美人格的使命。

情结、情谊、情操，是我与"随园夜话"每位专家、教授和班主任老师交流之后，用来勾勒我心目中的教育情怀的三个维度。虽然无人称他们为教育家，但是这些教师在纷繁复杂的社会背景下，坚持一心为学生，不轻易放弃，内心的情结、情谊与情操，通过朴实的教育行为与行动持续地坚守着，这就是我理解的教育情怀。事实上，这些教师已经拥有了实践教育家的核心价值品质。当然，我也希望一直能够有机会与他们一起学习，共同见证他们朴实的教育情怀惠泽更多学生的心灵，影响到更多人。我相信这些经历也将以情感资本的形式储存在我的生命成长过程中。

南京市教育科学研究所　李亚娟

2018 年 8 月 31 日

"随园夜话":班主任职后教育的道与术

班主任职后教育是班主任专业发展的重要途径。在教育变革的时代背景下,如何有效设计和开展班主任职后教育,一直是个难题。本文以"随园夜话"第70期班主任沙龙活动为研究个案,结合当前班主任职后教育的问题,聚焦现实场景,在个案描述的基础上,进行理论分析和学术梳理,以探究班主任职业教育之道与术。

晋太元中,武陵人捕鱼为业。缘溪行,忘路之远近。忽逢桃花林,夹岸数百步,中无杂树,芳草鲜美,落英缤纷。渔人甚异之,复前行,欲穷其林。

林尽水源,便得一山,山有小口,仿佛若有光。便舍船,从口入。初极狭,才通人。复行数十步,豁然开朗。土地平旷,屋舍俨然,有良田、美池、桑竹之属。阡陌交通,鸡犬相闻。其中往来种作,男女衣着,悉如外人。黄发垂髫,并怡然自乐。

——陶渊明《桃花源记》

对于陶渊明《桃花源记》的这段文字,今人的解读往往归结为作者在东晋王朝极端腐败、民不聊生、国家濒临崩溃的动乱岁月里,因一腔抱负无法实现而创造了一个异于现实世界的乌托邦。陶渊明通过对桃花源的安宁和乐、自然淳朴、自由平等生活的描绘,创造了一个人人"心向往之但不得路"的人间天堂,表现了作者追求美好生活的理想和对现实生活的不满。可是在现实世界中,桃花源究竟是否真的不存在呢?它真的只是陶渊明笔下一个臆想的美梦吗?昔人已去,我们今天无法向作者本人求证,答案似乎是一个谜团，本文也无意去探寻其中的原委。之所以引用这段耳熟能详的文字，一是由于这段对回归自然的田园生活的描绘极具后现代意蕴，在物欲横流、信仰缺失、混沌迷茫的当下，极具有治愈力；二是借助这样一种自由的文学表达，采用一种随意的言说方式，引出一个相似的话题，不啻一个有益的尝试。

自 20 世纪 70 年代以来，脑科学研究出现了爆炸性发展，其研究成果正在深刻影响着成人学习的实践，终身学习的理念被越来越多的成人所接纳。成人学习的巨大价值开始为人所知：首先，每个人的脑是独一无二的，经验影响脑的创造能力和结构，具有丰富经验的成人具有学习上得天独厚的资源和基础条件。其次，脑的潜能是巨大的，学习是延缓大脑衰老和开发大脑潜能的有效措施与方法。最后，人脑中智商与情商相伴，情绪状态联结着学习和记忆。① 当然，在今天这个学习型社会，成人学习的作用还有很多，这里暂且不一而足。

那么，问题就来了，为什么成人学习有这么多好处，但是很多成人却不愿意学习？特别是在学校这一典型学习型组织中情况也是如此呢？为什么大多数教师、班主任将免费教育不仅不视为福利，反而当作负担，抱怨不迭？无论是对于谁而言，在追求美好生活这一点上无疑都是一致的，而要实现这一幸福理想，唯一的现实通途是教育学习。若班主任的"桃花源"真的存在，通向它的路也只有这一条，那就是学习。

教育是专业发展的一种学习方式，是有目的、有计划、有组织、有管理地开展学习，以促进学习者的知识、能力、情意等素养的教育活动。班主任职后教育是国家、政府、学校、社会为班主任提供的一条专业发展之路。而教育要有实效，必须认真思考"要什么教育"和"怎么教育"的问题。然而，要想把班主任职后教育的道与术搞清楚，的确是一件很困难的事。这里权且让我们把视线聚焦于微观案例，或许这种聚焦与反思能带来一些启示。

---

① 吴刚.脑科学研究的教育意涵[J].全球教育展望，2001（5）.

一、"随园夜话"：一个班主任职后教育的案例言说

（一）话说"随园夜话"

"随园夜话"究竟是什么？它是怎样诞生的？它的发展秘密又是什么？

首先，从"一本书引发的'随园夜话'诞生史"说起。2008年，南京师范大学教育科学学院的齐学红教授参与了教育部重点课题"2008年全国万名中小学班主任远程教育"案例式教育教材的编写，并负责《精神家园共营造——班主任与每个班级》一书的编写工作。她召集邀请了南京市一批一线优秀班主任撰写案例。为了保证案例的质量，他们经常晚上聚在一起研讨、交流。《精神家园共营造——班主任与每个班级》一书编写完成后，这支有七八个人的团队已经形成了定期聚会研讨的习惯。大家都希望这样的学习方式还能继续保持下去。于是，在齐教授的发起下，这个具有教育情怀、志同道合的班主任学习共同体就应运而生了。在团队成员陈宇老师的建议下，它被命名为"随园夜话"。关于命名的依据，陈老师说："随园，原来是曹雪芹父亲所建的一所园林，清末著名诗人袁枚曾居住在此，并著有《随园诗话》，现在一般把南师大本部校区称为随园。夜话，是指举行沙龙的时间都是在晚上，是正常教学工作之后的一种探讨。"

一本书、一群志同道合的教育者、一个富有历史文化意蕴的名称，不只是成就了"随园夜话"，而且更重要的是诞生了一种班主任职后教育的新模式。这种模式来自民间，源于自动自发，伴之以专家引领、团队合作，因此，这就是一种追寻教育桃花源的现实途径。

"随园夜话"班主任沙龙成立的最初设想包括：其一，提供一个平等交流、对话的平台，以扩展班主任工作的视野，丰富其阅历与经验；其二，收集一线班主任在教育实践中积累的经典案例和实战经验，现场分享、交流背后的故事，并将影响扩大化；其三，为一线班主任提供一个宽松、自由、愉悦的学习氛围，互相鼓励、分担苦恼、分享快乐。从十年举办的80多期沙龙的反馈来看，这些设想也都得到了很好的实现。

"随园夜话",这个成员来自不同学校的松散组织,既没有强制性的规章制度的约束,又没有奖励、报酬的诱惑,而且活动大多安排在业余时间,却取得了成功,这不能不说是个奇迹。究其原因,主要包括:第一,源于成员对教育的热爱和实际工作的需要,自动自发。自创办以来,沙龙已经打造了自己的核心力量和专家团队;第二,"大家"经常光临,提升了沙龙的学术规格,确保了教育的质量;第三,主持人高水平的活动策划与现场调控,发挥了榜样带头和激励作用。这三股力量与学员迫切的学习需要融为一体,形成强大的气场,也就是古人讲的"势"。所有成员蓄势待发、顺势而为、借势而上,这就是"随园夜话"人气旺的秘诀。

(二)个案描述:"随园夜话"第70期班主任沙龙[①]

本期"随园夜话"的主持人是南京市班主任基本功大赛一等奖获得者、南京外国语学校优秀班主任顾青老师。参加成员包括来自南京市16所中学的30余位班主任老师,全国班主任研究专家、南师大教科院的班华教授、齐学红教授,南京市江宁区德研室的姜书勤主任,《江苏教育》杂志社编辑吴青和朱茂勇老师以及教科院的研究生。本期沙龙开始尝试网络共享,由研究生仲敏面向"扬派"班主任总群做图文直播。

本期沙龙主要环节包括理论导引、分组讨论、成果分享和专家点评。具体流程如下。[②]

顾青先以一段具有隐喻色彩的"飞花令"活动热场:"如果你要创建一个班主任博客的话,请以'青春'为题给博客起一个名字。"话筒在台下的每一位参与者手中依次传递,一个个与青春有关的名字在会场上诞生了。

【理论导引】班级活动的概念是教育者为完成学校的教育工作计划,组

---

① "随园夜话"班主任沙龙第70期主题为"青春写手——班级活动策划与记录漫谈",时间为2017年5月16日晚19:00—21:30,地点是南京师范大学随园校区田南楼602会议室。现场布置:桌椅组合摆放(便于小组成员围坐),桌面摆放水果、纸笔、多媒体设备、话筒、入口处签到表、摄像机、照相机。
② 引文部分摘自顾青老师的课件。

织班集体参加的一切教育活动。班级活动的特点包括按班级组织开展集体活动，由班主任领导或由师生共同设计，活动时间可安排在平日或节假日，是建设集体、教育学生的基本手段。

顾青由概念解析开始，分享了她对班级活动含义和特点的认识。随后，顾青用一句很有文采的句子引导大家一起思考班主任角色的内涵："班主任的角色——安得笔墨兼尺素？对于班主任而言，笔墨可以是什么？那什么又可以作为尺素呢？"她总结归纳了刚才的发言，指出班主任的角色应该是学习者、设计者、良师益友、青春写手……

那么，如何策划班级活动呢？顾青带领大家随即进入理论引导环节。借助"他山之石"，顾青概括了班级活动过程的诸要素，包括一个目的（全面提高人的素质，加强德育实效性）、三个过程（了解人、研究人、塑造人）、三个关键（调查研究、掌握规律、人人参与）、五个阶段（发现问题、提出问题、了解问题、研究问题、解决问题）和十一个环节（看、想、听、访、书面、口头、分类、分析、计划、设计、组织）。

这样，在一般意义上对班级活动进行了理论铺垫。顾青紧接着抛出了问题："班级活动策划应遵循哪些原则呢？"

【分组讨论】讨论方式：自主发言，形成思维导图；讨论分享：每组选派一两名代表上台展示讲解思维导图；讨论议题：班级活动策划应遵循哪些原则？

小组合作是"随园夜话"问题研讨的重要方式。各个小组经过讨论，形成各具特色的认识，并以思维导图的形式记录在白纸上，依次上台分享。每组代表讲解完，顾青总要追问一个问题："在这么多的原则中，你认为最重要的一个是什么？"第一组强调了生长性，第二组突出了艺术性"大美"，第三组提出了评价原则，第四组突出了平衡性特别是情感教育问题，第五组着眼于关系维度，第六组补充了安全性原则。各组交流结束后，顾青拿出事先准备好的几张卡片，让大家根据提示猜谜，用这种有趣的形式对班级活动策划的原则进行强化，即教育性、时代性、多样性、整体性、操作性……这也是主持人个人教育风格和专业优势的集中体现。这种猜谜语的游戏，引来台上台下阵阵掌声和欢笑声。如果说"飞花令"让大家消除了疲惫感、陌生感和紧张感，成功破冰的话，此时的猜谜游戏则开始让大家都活跃起来、熟络起来。

【成果分享】六月毕业季（毕业班）活动＋九月开学季（新班级）活动＋其他班级特色活动。每个班主任都组织过开学季、毕业班等活动，请结合亲身经历谈谈如何完善活动策划？

针对即将到来的毕业季及之后的开学季常规教育活动，顾青引导班主任结合自己的实际工作经验，思考如何完善班级活动策划。在具体的问题情境下，顾青十分自然地将讨论引向班主任专业发展的必经途径——实践反思。对于很多班主任来说，活动结束了也就是结束了。可是，对于一位优秀班主任来说，一个活动结束了恰好是自我反思、自我超越的契机。活动积累的经验、生成的惊喜、出现的尴尬或者意想不到的缺憾，都是班主任自我反思的绝好素材。在交流反思中，受益最大的还是那些年轻的班主任。交流中，2016年江苏省班主任技能大赛一等奖获得者金晶老师感慨地说："到这里才发现'随园夜话'是这么好的学习机会！我真后悔今天才第一次参加！"

【他山之石】班级活动记录原则：教育性、参与性、延展性、思辨性。

讲故事是一线班主任擅长的研究方式。作为"青春写手"，班主任应当具备挖掘、记录、整理和创作班级故事的专业能力。顾青用优美的语调和充满感情的朗读，把大家带进具有教育情怀的故事情境，两个真实的班级活动故事（摘自南京外国语学校某一班主任和学生合作完成的书——《每一个起舞的日子》）也开始引发大家思考班主任究竟应怎样对活动进行记录、评价和回顾。

班级活动不仅是班主任教育实践的基本载体，而且也应当是班主任专业研究和专业发展的立足点。一个班级活动，在学生眼里、家长眼里和班主任眼里应当是既相同又不同的。《每一个起舞的日子》中班主任的独具匠心之处就在于，每次班级活动她都会邀请一位同学采用章回体小说这种极具中国传统文化色彩的方式进行记录，她自己操刀撰写后记，师生合作完成一个班级活动的记录。这样，每一次的班级活动在记录中得以个性化地展现和永久保留，班级活动的教育意义也不随时间和地点的变换而消解。在这里，班主任和学生一起成为名副其实的"青春写手"。

在分享环节，南京建邺中学的袁子意老师分享了自己的研究视角——对高中生睡眠时间进行记录统计；南京外国语学校仙林分校的黎鹤龄主任也讲述了本校一位后来考入北京大学的中学生在学校大门外记录脚步声的故事。这两个现场故事，引发大家继续思考怎样推动学生的健康成长。一位高中国际班的年轻班主任展示了自己的学生仿照歌曲《成都》自编自唱的校园民谣视频，这种视频记录方式也得到了大家的一致肯定。

不知不觉，两个多小时过去了，主持人为分享活动作了一个简明的小结。

【活动小结】青春写手：建筑家的图纸——合理设计，剧作家的头脑——创新引导，画家的眼睛——观察入微。

在活动的高潮环节，班华教授和齐学红教授先后为今晚的活动作了点评。这个点睛环节也一直是大家非常期待的，因为这对于所有人来说都是一个难得的学习机会，不仅是认知层面的，也是态度、情感、价值观层面的。两鬓斑白、身形消瘦、目光炯炯、年过八十的南师大退休教师班华教授亲临现场，对班主任研究和实践展现了高度的热情和审慎的思考。他的言传身教对于一线班主任老师而言，就是莫大的鼓励和榜样示范。齐学红教授从"青春写手"这个词语对自己的冲击入手娓娓道来，阐发了自己对于班主任价值和沙龙发展的看法与期许。班主任专业发展需要先行者和领导者，也需要鼓励者和见证者。在这个意义上，"随园夜话"就像一个"加油站""蓄电站"，为工作倦怠、发展乏力的班主任注入一股新鲜、强劲的绿色能源。在这里，大家可以抱团取暖，相互激励，共同走出理论困惑和实践无奈的灰色地带，保持教育良知，激扬教育理想，明确现实的发展目标和路径。

最后，顾青饱含深情地在现场即兴题联："随心而聚，园植芳草。夜来畅聊，话音化雨。"随后，她用一首深情的歌结束了本期沙龙活动。"投入地笑一次，忘了自己，投入地爱一次，忘了自己。伸出你的手，别再顾虑，敞开你的心，别再犹豫。投入蓝天，你就是白云。投入白云，你就是细雨。在共同的目光里，你中有我，我中有你。"

这种忘我的投入、蓝天白云细雨、你我交融的目光，不正是对教育情怀的诠释吗？歌以咏志，这歌声不仅传递出了班主任对自我角色的高度认同和热爱之情，也是一种不忘初心的承诺和幸福。伴随着歌声的翅膀，一种温暖的情意汹涌而至，感动了每个人，也照亮了前行的道路。这种积极乐观的情感和信念也会跟随每一位沙龙参与者延伸到随园之外的学校、班级乃至家庭、社会……这就是教育的力量，也是专业学习的魅力。顾青，一位年轻的、充满教育情怀的优秀班主任，赋予班级活动策划和记录这一个常常被湮没于班级日常琐碎事务之中的研究问题以艺术感染力。一方面，她的主持本身也为更多的年轻班主任树立了学习的榜样；另一方面，也为创新班主任职后教育的理念和方法提供了一个有价值的参考。其实，每一个不顾工作了一天的辛苦赶到"随园夜话"现场的班主任，都是不甘平庸、想成为优秀班主任的教育理想主义者，尤其是一直跟随"随园夜话"成长的同行者。

按照惯例，结束后全体成员要合影留念。值得一提的是，这一晚的沙龙是第70期，而每逢整十期数，沙龙都会有一个自发的纪念活动。本次活动，袁子意老师特意准备了一只小蛋糕庆祝。蜡烛点亮，灯灭，《生日快乐》歌唱起，所有人默默许愿。班华教授吹灭蜡烛，掌声起，灯亮，人人笑脸盈盈，吃蛋糕……此时此刻，每月一次的沙龙更像一场久违的欢乐聚会，其乐融融。尽管活动已经结束了，大家却仍旧恋恋不舍，兴致仍浓。这与一些新成员刚进门时的局促、陌生形成鲜明对比，"相逢何必曾相识"，不管之前是否相识，结束的时候，大家已经成为同路人。这就是"随园夜话"文化影响力和教育领导力的最好证明。

即使在几天后的一段时间里,"随园夜话"两个QQ群和微信群仍然不断有活动花絮、感悟、鼓励的内容在上传。班华老师也和大家积极互动,顾青还意犹未尽地发了一首五言绝句《"随园夜话"九周年第七十期题记》:"随心聚有时,园幽芳草萋。夜来论九州,话中年华寄。"

一个线上线下的开放学习交流空间在不断拓展着班主任职后教育的边界,专业学习开始成为一件融入日常生活的有趣事件,既重要又愉悦,既专业又随意,既有知识与观念的交织和碰撞,又有情感与态度的交融和感染。这也就是"随园夜话"的独特魅力。

二、"道"之问:班主任职后教育的价值省思

班主任职后教育的价值取向就是我们需要省思的教育之"道"。这个"道"解决的是"为什么"和"是什么"的问题。这是树立正确的教育观、价值观,进行改革创新的根本问题,而在众多的对教师、班主任职后教育的研究中,关注点却往往偏离此"道",舍本求末,一味追求方法创新、策略创新等"术"的问题。这里强调"道",并没有否定"术"的价值,只是想强调这里有个先与后、本与末的问题。在实践中,我们看到很多失败的教育,究其根源,就是没有搞清楚教育之"道"。那么,这个教育之"道"究竟是什么呢?让我们还是回到案例文本,借由"随园夜话"第70期的专家点评,尝试对这一问题进行省思。

(一)专家点评中传递的价值取向

班华教授在沙龙的点评环节指出:"当前我们教育的毛病有许多表现,集中体现在两个问题上:第一个问题是忽视体育和美育。身体是所有事务的物质载体,没有健康的身体,其他再好也没有用。我是非常重视审美的,美育看上去和我们没有关系,其实和我们每个人的关系很紧密。人的生命有四个阶段:求神的阶段、求知的阶段、道德阶段和审美阶段。人的生活、人的生命,最高境界是审美。少了这个东西,你就很不幸,因为你的幸福的层次

还没有达到这个最高境界。现在我们的教育对这两个重要问题不重视，教育真要面向素质发展的话，必须重视美育和体育。"本次沙龙的艺术化风格也是对班级活动审美化的一个现场实践。班级活动不仅很重要，而且也应该很美好。"第二个非常重要的问题是教育评价，而评价的根据应是教育目标，关键要看目标达到没有。"对于热门的量化评价，他特别指出量化评价的局限性："有个学生拾到一块钱交给老师，其实这钱不是拾到的，是他跟家长要的。结果，你给他量化，加多少分？那个学生拾到两块钱，你怎么量化？我认为，有些事是不可以量化的。即使量化了，也不一定就是科学的。学生拾到钱交给老师，就不适合量化。有一种观点认为，量化就是科学，于是想尽一切办法去量化。量化不一定科学，科学也不一定表现在量化上。"这一观点也为班主任研究和实践矫正了方向。

透过班华教授的发言，可以发现他所秉持的教育之道在于关注人的生命质量，既有身体健康的物质基础，又有审美的精神追求。"美是善的象征"，艺术可以更好地培养一个人的道德观念。儒家也高度重视"乐"这种艺术形式的重要性，《礼记·乐记》中有言："乐者，通伦理者也。"这就是说君子必须习得乐。回到人本身，关注人的需求，引导人向善向美，这是一种充满人文关怀的教育之道。"人的回归才是教育改革的真正条件。"[1] 人的生命是完整的，作为生命的自我存在也向往着成为完整的人，深谙此道的教育者应当珍视、维护和促进这种完整性，而不是恣意毁损。不重视体育和美育，人的幸福生活将无法实现。现实中片面强调智育的短视行为，不仅阉割了完整的教育，而且会制造出一系列畸形的副产品。另外，道德教育评价也反映了教育之道，尊重教育规律，就是求真之道。针对当前"量化评价＝科学"的错误导向，班教授给予坚决的抨击。这种尊重教育的复杂性、情境性、多样性事实的立场，就是教育要回归本真的价值选择。要追问班主任职后教育之道，实际上就是重新省思教育之道。

"随园夜话"就是这样一个平台，老师们可以在这里尽情展示自己的风

---

[1] 〔德〕雅斯贝尔斯.什么是教育［M］.邹进，译.北京：生活·读书·新知三联书店，1991.

采，赋予每期沙龙与众不同的特色和意义。对此，齐学红教授用"震撼"来评价顾青的主持和活动设计，用"不一般"来评价袁子意老师的蛋糕纪念仪式，用"静待花开"来总结"随园夜话"沙龙的原则。同时，她感谢了几乎是一期不落参加沙龙的南京外国语学校仙林分校的黎鹤龄主任，因为他关心年轻老师的成长，支持"随园夜话"的教育探索，每次都会亲自带新成员进入沙龙。本期沙龙迎来了顾青、沈磊、金晶等江苏省班主任基本功大赛一等奖获得者，为沙龙注入新鲜的血液，也提升了沙龙的整体水平。以前的沙龙主持人没有受过专门培训，都是在这里自然生长的，而像这些班主任技能大赛的一等奖选手，他们都经过了层层打磨，素质非常高。他们对于班主任工作的思考和实践创新拥有更多的话语权，也有能力为班主任专业发展作出更大的贡献。齐教授说："我心里有一份期许，大赛最终的成果，一定不是个人得到什么荣誉与奖项，我希望这样一群优秀班主任应该有一个更大的舞台。顾青今天带了个头，做了个好榜样。"本期沙龙的话题是"青春写手——班级活动策划与记录漫谈"，齐教授说："看到这个题目，最初感觉这只不过是个有诗意的表达。而现在，这个主题变得非常有冲击力，虽然我们从年龄上与青春渐行渐远，但是我们还可以做青春写手。青春写手一下子拉近了班主任和学生的距离，把学生的立场植入了班主任角色之中。很多班级活动策划的要素、原则，今天顾青都身体力行了，内容非常有原创性、思辨性，更难得的是，她作了非常精心的准备，所有的活动都作了预设，这种充分的准备是达成活动目标的非常重要的保证。'随园夜话'这种形式要有新的面孔，要很生动、很鲜活。以后沙龙活动的本身也要适应孩子发展的需要。我们想让学生们做到什么，沙龙活动也要做到什么，包括团队合作、分享等这些品质，我们也要在沙龙里践行。只有这样，我们才能引领学生的发展。"一路走来，"随园夜话"成为班主任展示自己思想和才华的舞台。这个舞台具有开放性，更多有冲击力的优秀班主任把个性化的新鲜思想方法和实践经验带到沙龙里来，也滋润了这一民间创生的班主任职后教育组织的成长和发展。"随园夜话"的职后教育之道是班主任基于教育理想和学生的健康成长而持续地自觉学习和自主实践。

教育首先要关注每一个人,尊重、欣赏每一个人。齐教授作为沙龙学术发展的领导者,不仅尊重每个参与者的不同表达,而且善于发现他们的优势,以点带面,发挥激励的正向评价功能。其次,对于"随园夜话"的期许也反映了她的学生立场,对于构建平等、关爱、和谐人际关系的重视。在"随园夜话"班主任沙龙中,齐教授将自己的角色定位为一名学习者、参与者、发现者和促进者,而不是高高在上的专家。教育的价值在于社会责任的担当,在于学以致用的实践观。关心、尊重、践行是她的班主任职后教育之道。

"总有一种温暖让我们感动,总有一种幸福让我们分享,总有一种力量让我们前行,总有一方土地让我们成长。"这是"随园夜话"周年纪念日时一位学员写的一段感言,它诠释了重情感、有担当、开放、接纳的"随园夜话"的精髓,也是教育之道。黄正平教授曾概括我国班主任长期处于"三无"状态——职责无边界、职业无生涯、专业无阶梯。而在现实中,由于任务繁重、工作压力大,很多老师不愿意担任班主任。可是,进入"随园夜话"的班主任不也是面临同样的工作压力吗?他们为什么能坚持主动学习,并无私帮助他人呢?从理论维度参悟班主任职后教育之"道",也是十分必要的。

(二)多学科视角下"道"的理论之思

在管理学视角下,成人学习是个体性与组织性的统一。当代美国著名管理学大师彼得·圣吉系统地创立了"学习型组织"理论,将企业视作一种具有生命活力的社会组织,对组织发展目标、现状和存在问题进行系统思考,改变决策者的"心智模式"。班主任职后教育之道,就是学习型组织的生命力,包括"共同愿景""团队学习""系统思考""自我超越"。在学习共同体中,学习的效果和效率必将大大超过个体学习者的总和。因此,教育要使个体最充分地施展多方面的创造性潜能,获得健康、和谐的发展。

在哲学视角下,建构主义认识论的核心命题是:每一个个体的先拥概念引导他们的理解。关于外部世界的知识是人类建构起来的。[1]建构主义学习观强调学习的主动性、社会性和情境性，因此，"道"应该是在已有知识和经验的基础上进行知识建构和意义创造。批判主义和后现代主义哲学认为，知识是一种社会产物，是学习者通过社会性的实践和交往建构起来的，它存在于特殊的情境之中。知识和权力是不可分的。[2]这一哲学流派对传统整齐划一的学习模型提出了挑战，也为创新教育的模式和方法提供了想象空间和多种可能性。这样一来，教育之"道"存在于社会交往和具体情境之中，需要主体在实践与交往行动中去参悟。

在社会学视角下，人永远是一个"未完成"的存在物，他的生存是一个无止境的完善过程和学习过程。所谓社会化，是作为个体的生物人成长为社会人，并逐步适应社会生活的过程，经由这一过程，社会文化得以积累和延续，社会结构得以维持和发展，人的个性得以形成和完善。[3]丹麦著名成人教育家奥尔森教授从探究成人生活史的视角，提出必须回归到成人的生活世界之中，重视成人的生活经验。班主任教育之"道"可以蕴含于经历、故事中，在叙事中动态地呈现、凸显、聚焦，成为一种生存方式和生存责任。

"道可道，非常道。""道"之追问，似乎很难有一个明确的答案，但是在众多的诠释中，可以发现共同之处，那就是教育的最高目的是人，教育要回归人本身，重视人的需要、生活经验、实践困境、情感诉求，学会尊重、关心、理解、支持、欣赏、鼓励、陪伴，能够保持思想独立的精神品质和脚踏实地地践行教育理想。这里的人，既包括班主任，也包括学生。

班主任职后教育的未来发展趋向就是要高度关注人的情感、情绪需求。这样一种新的取向带有浓厚的人文情怀。文学艺术认识是指人的情感的、艺术的、审美的和道德评价的认识。它与科学认识不同，本质上是一种人文认识，一种特殊的社会认识类型。用文学艺术的认识方式来把握世界，看到的

---

[1] 赵健，等.学习科学研究之发展综述[J].开放教育研究，2007（2）.
[2] 王霞.知识与权力：批判和后现代理论的成人学习观比较[J].湖北大学成人教育学院学报，2006（2）.
[3] 姚远峰.成人学习的多学科研究述评[J].中国远程教育，2007（8）.

是美丑、善恶与人的价值关系。文学艺术认识是用鲜明的个性来体现共性，一般是以形象的方式来表达。这也是本文两度引用陶渊明作品的原因。

> 结庐在人境，而无车马喧。
> 问君何能尔？心远地自偏。
> 采菊东篱下，悠然见南山。
> 山气日夕佳，飞鸟相与还。
> 此中有真意，欲辨已忘言。
>
> ——陶渊明《饮酒·其五》

在东晋末玄学盛行的文化背景中，陶渊明的这首诗优美地表现出一种新的人生观与自然观。它强调人与自然的一体性，追求人与自然的和谐相处。如何能做到这一点呢？"心远地自偏"，"远"是玄学中最常用的概念，指超脱于世俗利害的、淡然而全足的精神状态。前四句诗看似平易，实则结构严密，引得王安石感慨"自有诗人以来，无此四句"。诗中，陶渊明表达了"自然哲学"的思想，这是一种与道家"天人合一"思想一脉相承的哲学追求——人的生命与自然和谐统一。人不仅是在社会、在人与人的关系中存在的，更重要的是，每一个个体生命作为独立的精神主体，都直接面对整个自然和宇宙而存在。而自然是自在自足无外求的存在，只有归于自然，才能求得人的完美的生命形态。这种独立的精神是作为知识分子的教师必须具有的。

南山是客观存在的，但并非人人都能得以"见"。只有具有脱俗"悠然"之情，才能在随意间"见"南山之美景：日暮的岚气若有若无，浮绕于峰际；成群的鸟儿结伴而飞，归向山林。南山美景正是人与自然和谐统一的写照。末尾二句，是全诗的总结，正所谓"道可道，非常道"，这个真谛也就是道家的"道"。

"条条大路通罗马"，道与术的关系是不变与变的关系，也是一和多的关系，更是相互依存的关系。既然通向罗马的道路有千万条，一条路走不通，当然就要求变，另辟蹊径。

三、"术"之变：班主任职后教育的实践转向

（一）专业化：班主任职后教育的制度转向

中国的中小学班主任制度自 1952 年从苏联引入，至今已有 70 年的发展历史。班主任制度为我国教育事业发展作出了重要贡献，班主任这一角色在 20 世纪末已开始被赋予专业化意蕴。《中小学教师专业标准》的颁行，为班主任职后教育的科学化、专业化、标准化提供了新的导向。班主任职后教育已经全方位、多层次铺开。目前，中国的班主任制度出现了三种样态：第一种是彻底取消班主任角色，用其他的教育角色（辅导员、导师等）完全代替班主任，如北京十一学校、上海闵行中学、广东深圳中学等；第二种是在保留原班主任教育角色的基础上，增加新的"班主任"（科任教师、学生家长、学生等），建立"团队班主任制度"，如南京外国语学校仙林分校、浙江富春中学、富阳一中、长兴中学、深圳一中、福建五虎山学校、河南省第二实验中学等；第三种是保持"一人班主任制"，深化班级管理改革，目前大多数学校依然采用这种形式。

我国学校班级众多，情况也千差万别，只采用一种班主任制度显然是行不通的。要有效顺应班主任制度的时代变革，班主任职后教育也必然发生转向。那么，在这样一种"自上而下"的国家强力推进教师职后教育的背景下，班主任职后教育要发生怎样的内部变革，才能从根本上改变"不接地气、不受认可、目标与效果差之千里"的窘境呢？

2006 年 8 月，教育部发布了《教育部办公厅关于启动实施全国中小学班主任培训计划的通知》（后文简称《通知》）。《通知》规定："从 2006 年 12 月起，建立中小学班主任岗位教育制度。今后凡担任中小学班主任的教师，在上岗前或上岗后半年时间内均需接受不少于 30 学时的专题教育。"自此，班主任职后教育制度得以建立。此后，我国开展了声势浩大的教育改革，教师教育开始向科学化、标准化、规范化转变，从最初的知识取向到后来的能力取向，逐渐转向现在的核心素养取向和实践取向。在这一进程中，来自民

间的变革开始走进大众的视野。

(二)教育管理现象学：班主任职后教育的范式变革

美国学者托马斯·库恩提出了范式概念，将常规和革命用于科学，构建了科学革命论。费耶阿本德认为要克服科学沙文主义，就必须从现实上实行国家与科学分离的政策，从认识论上确立科学本质上是一种无政府主义事业的思想。他倡导无政府主义认识论，强调科学应是一种非理性的、追求自由与幸福的活动，是一种保障人的自由与幸福的人道主义事业。这种观点支持了班主任职后教育之"术"转向充满乐趣、自由选择、多元主义。

格林菲德提出了十个命题，系统阐发了教育组织管理现象学范式，对于重新审视教育或者学习组织、推动班主任职后教育的范式变革具有极其重要的意义。[①] 具体表现在以下方面。

"组织是由人建构而成的，人必须对组织内进行的一切负起责任。"人是组织的出发点，人具有较高的天资，富有创造性。组织不是意味着限制而是机会。班主任职后教育应当是为班主任个体提供发展的机会，充分尊重其自主性，承认其创造性，并积极创造条件。"组织是意志、目的和价值的表达。"班主任自主参加"随园夜话"，本质上体现了他们在做想做的事情或者认为必须要做的事情。"组织不是凝固不变的存在，而是体现为一种不断形成的过程。""随园夜话"既是教育行为的结果，也是教育行为的原因。通过教育，班主任回到原有的组织中开始行动，努力构建他们所冀盼的美好未来。他们在创造、重塑社会现实的过程中，过去、现在、未来融为一体，改变也真实地发生了。

"组织是自由与强制的关系。"格林菲德用"盆景"的隐喻来描述教育组织。他说，显然，园艺师不会放任幼苗去"充分发展它的潜能"，相反，园艺师要以他本人对树之潜能的看法来规范树的成长。园艺师总是不停地修剪着树，直到它显露出了他所期望的那种形态为止。一个显而易见的事实是，

---

① 张新平.教育管理学的持续探索[M].合肥：安徽教育出版社，2007.

树木不能自己学习，而人能。所以，要充分发挥班主任的主体性。"组织就是谈话、机遇和经验。""随园夜话"不但是一种教育，也是一种生活模式和观察世界的方式，它的边界要比我们知道的大得多。"人是先行动，然后才对行为加以判断。"不管事实是什么，它的重要性都要次于人们对它所作出的判断。人的行动常常是兴趣引发的，而不是事实所决定的。在教育中要避免重视事实而忽略判断，特别要关注班主任的兴趣，要让教育变得有趣，而不是千篇一律、枯燥单调。本期沙龙主题"青春写手"的艺术表达和呈现，建构了有趣味的"盆景"，既有班主任个体的自然生长，也有班主任小群体的专业引领和学术推进。其中，积极安全的对话，经验的分享和反思，都是班主任专业成长的机遇。

格林菲德认为，人们并没有真正搞清楚什么是教育。教育并非重在技术技能的教育；教育的价值也不一定通过所谓的"科学"才能体现出来。教育的价值重在批判与反思。教育应是一种思想教育，从而从根本上帮助管理者认识他们的行动假设和思想信念；教育应是一种生活教育，只有能够洞察生活的人，能洞察到生活中的讽刺、快乐和悲剧的人，才适合成为管理者；教育应是暂时的"隐退"（withdrawal）和"沉思"（contemplation）。教育管理要善于"留白"，这样就可以从一种全新的视角来观察更重大的问题，也就是要"有所不为"。

美国学者希兰克提出的"教育方案设计模型"，为系统化教育体系的设计提供了参考。该模型以成人学习者为焦点，构建了内圈和外围的系统模型。对于第70期"随园夜话"沙龙的进一步分析，也可以从需要、目标、设计、传递、评价五个内圈要素及方法与技巧、组织与管理、研究、方案评价等外围因素入手，探索这一模式是怎样对班主任职后教育起到支持保障作用的。

（三）学习共同体：班主任职后教育组织的角色转向

"共同体"之所以会给人不错的感觉，是因为这个词所表达的含义预示着快乐，而且这种快乐通常是我们想要去经历和体验的。

共同体是一个"温馨"的地方，一个温暖而又舒适的地方。它就像一个家,在它的下面,可以遮风避雨;又像一个壁炉,在严寒的日子里,靠近它,可以暖和我们的手。在共同体中,我们相互都很了解,可以相信所听到的事情,在大多数的时间里,我们是安全的,并且几乎从来不会感到困惑、迷茫或是震惊。① 家、壁炉的隐喻,是关注教育成员的主观感受和精神需求的。学习是生活的一部分,而生活本身并不是轻松和如意的。特别是在今天这样一个物欲横流、人情淡漠、娱乐至死的社会中,要追求一种精神的升华是很困难的,如同诺亚方舟,传递着快乐、温馨的共同体当然是一种心灵的寄托。进入共同体,人可以远离现实困扰,获取成长的动力。

"随园夜话"成就了很多的优秀班主任,他们尊重教育之道,有教育信仰,肯脚踏实地地付诸努力,从而打造了一个个宜居的班级,发挥着积极影响力。在反思他们的成长规律时,齐学红教授强调"开放多元、团队互助、自动自发的教育运行机制和专家的引领"的重要性。"随园夜话"已经成为优秀班主任的播种机,这种独特的教育运行机制和专家引领就是重要的教育之术。

"在共同体中,我们能够互相依靠对方。如果我们跌倒了,其他人会帮助我们重新站立起来。没有人会取笑我们,也没有人会嘲笑我们的笨拙并幸灾乐祸。……在我们悲伤失意的时候,总会有人紧紧地握住我们的手。当我们陷于困境而且需要帮助的时候,人们在决定帮助我们摆脱困境之前,并不会要求我们用东西来抵押;除了问我们有什么需要,他们并不会问我们何时、如何来报答他们。我们的责任,只不过是互相帮助,而且,我们的权利,也只不过是希望我们需要的帮助即将到来。"② 共同体是一个安全的、接纳的支持系统,是雪中送炭,而不是落井下石,滴水之恩也无须涌泉相报。这种轻松简单、友善和睦的人际互动,就是桃花源纯朴自然的生活状态。那么,教育怎样生成这个共同体呢?

根据职业生涯理论,处于不同职业生涯阶段,班主任的需求存在很大差异。所以,在设计教育计划和方案时,首先要关注班主任个体和群体的不同

---

① 〔英〕鲍曼.共同体:在一个不确定的世界中寻找安全[M].欧阳景根,译.南京:江苏人民出版社,2003.
② 同上。

需求，既要关注新任班主任和班主任储备教师的适应性需求，又要关注经验型班主任突破职业倦怠和职业瓶颈的需求，还要关注优秀班主任对于理论提升和经验提升的自我超越的需求。要确定班主任的真实需求，需要通过多种渠道进行实地调查，获得一手信息和资料，要尽量多地了解和关注学习者的情况，如教育水平、岗位职责特点、阅读水平、教学能力、兴趣目标、背景知识和专业技能等。可以运用OTP教育需求分析模式，即组织—任务—人员模式，分析作为组织的学校、作为群体的班主任对职业素养提升的教育需求。其次，关注班主任不同的亚文化，尊重差异性，乐于表达和学会倾听，放慢交谈节奏，创设一种安全的心理氛围，形成开放、平等的对话关系，促进形成反思性。反思性是专业对话和学习的核心要素，也是真实的学习发生的标志。最后，生成并认同对话规则。比如强调直到所有人讲完才可以提问、不随意打断他人发言、感受文化间的共性与差异、鼓励大家对听到的一切进行交流等。这里强调的教育之术，与埃德加·沙因提出的"作为文化岛屿的焦点对话"较为接近。"随园夜话"的教育组织形式与沙因的"文化岛屿"存在很多相似之处，所以，从沙因组织文化变革的视角来看，"随园夜话"的确可以成为作为学习共同体的班主任职后教育的一种新的发展模式。

（四）想象：班主任职后教育的第三条道路

对于当今时代变革背景下学习面临的新问题，沙因指出，"学习和变革无法强加于人。人们的参与是分析现状、寻找出路、实施组织学习和变革所必不可少的因素。这个世界越动荡、越混沌、越失控，学习的过程就越需要被更加广泛地分享、传播"[①]。实践中班主任职后教育的突出问题就是参与度不高、教育实效差，而造成这一困境的原因除了教育理念存在偏差之外，主要是教育方案设计和实施策略、方法不恰当，也就是教育之"术"存在问题。如何实现"术"的转向，解决这个问题呢？

---

① 〔美〕埃德加·沙因.组织文化与领导力（第四版）[M].章凯，罗文豪，朱超威，等，译.北京：中国人民大学出版社，2014.

第一,从班主任职后教育的体系变革来看,教育的目标取向经历了一个由知识扩充到能力提升再到素养培养的过程,教育的方案设计经历了一个注重某些点到某方面再到素养体系的过程,教育的实施经历了一个由救火式的查缺补漏教育到基于职业生涯和专业发展的未雨绸缪式教育,教育的评价经历了一个由静态的结果取向到动态的过程取向、由单一主体评价到多元主体共同评价、从量化评价转向质性评价与量化评价相结合的过程。

第二,从班主任教育主题和内容来看,首先要关注学生,既要关注特殊学生,也要关注沉默的大多数。其次,要突出问题解决的实践导向,包括优秀班主任经验介绍、班集体建设策略、学生心理健康指导和班级日常管理实务。从实际教育内容、实际效果和理想需要之间的一致性角度来看,具体的班主任实践事务也得到了更多的关注,具有实践取向的教育内容才是迫切需要的。一项针对班主任教育的调查结论显示,在教育内容的有效性选择上,超过50%的班主任只选择了"优秀班主任经验介绍",选择"学生心理健康指导"的比例不到50%。[1]

第三,从班主任职后教育的方式和实施策略上看,新颖的且情境性、参与性和专业性强的学习模式更受欢迎,如"优秀班主任经验介绍""外出考察学习""班主任专题研修班"。"随园夜话"之所以能够深受教师喜爱,影响力逐渐扩大,主要原因就在于其教育方式指向并贴近班主任的工作实际,以问题为导向和符合成人学习的特点。第70期沙龙中实施的多主体合作策略、游戏策略、情境创设策略、问题探究策略、激励欣赏型评价策略、专家指导与自我反思相结合策略等,都是行之有效且易于操作的。

综上所述,班主任的职后教育之道就是教育之道,就是回归人的发展、人的幸福。教育之术就是创设民主、平等、和谐的人际关系和支持性学习氛围,关注班主任这一群体的专业诉求、个体的独特需要,将教育视为发现自我、发现他人、形成学习共同体,唤醒、激励、引领和促进教师成长的文化岛屿。

---

[1] 郑东辉,张赵姝影.班主任专业发展的制度诉求:来自664位班主任的调查数据[J].当代教育科学,2016(12).

菊花不以娇艳的姿态取媚于时，而是以素雅坚贞的品性见美于人。周敦颐在《爱莲说》中说："菊，花之隐逸者也。"因此，菊花被称为花之君子，颇得陶渊明垂爱。作为一种学习型组织的文化品性，是否也应该像菊花一样具有自己的志向？是否也应具有一种"心远地自偏"、不受消极负面因素影响的自我坚守？在同一教育大环境下，"随园夜话"坚守自我的道与术，用一种自然的理想化形式解构了传统的班主任职后教育模式，以一种清新自然、平易近人、有着强烈问题导向的共同体形式发展壮大着。从这个意义上说，教育变革可以从下而上展开，可以以一种看似不可能的方式尝试，可以有更多的想象空间。

"随园夜话"的探索和尝试，在客观上起到了改善教育生态小环境的作用，为师生的和谐发展和幸福生活的实现提供了积极支持。如果将自上而下的外力式教育称为第一条道路，班主任个体的自学称为第二条道路，那么"随园夜话"这种自下而上的专业发展模式也可以称为"第三条道路"。第三条道路来自民间，来自专家和一线班主任共同打造的学习共同体。尽管它的影响力与宏大的国家政府强力推行的教育改革相比，显得十分微小，但是谁又能忽视这种创新的草根力量呢？美国气象学家爱德华·洛伦兹在1963年提出蝴蝶效应理论时说："一只海鸥扇动翅膀足以永远改变天气变化。"后来，他更形象地表述为："一只蝴蝶在巴西轻拍翅膀，可以导致一个月后得克萨斯州的一场龙卷风。"同样，对于班主任教育而言，一个好的微小创新，只要正确指引，经过一段时间的努力，将会产生"革命式"的轰动效应。

当然，这条革命之路并非昭昭然横亘于眼前，只有拥有那些不为尘世乱象遮蔽的眼睛和心灵，始终保持独立自主精神和教育信念，努力付诸实践，坚持不懈的理想主义者才能成为第三条道路上的先行者。也只有这样的人，才能发现桃花源。因为即使这个世上没有桃花源，他们也能用智慧和汗水创造出一个水草丰美、鸡犬相闻的桃花源。

南京师范大学教育科学学院博士生　滕辉
2017年6月15日

班主任实践共同体：
一个文化岛屿的日常生活呈现

——以"随园夜话"班主任沙龙第 74 期为例

作为班集体的领导者、班级建设的引导者和班级关系的协调者，班主任要想名副其实，赋予其专业角色应有的意义和价值，必须高度重视专业发展，不断提高专业素质。在现实的学校生活中，班主任承担着学科教学和多项事务性工作，缺少专业学习的时间、精力、资源和热情，呈现出专业学习被动、缺乏的实际情况，而这种情况与学校、学生、家长和社会对班主任教育管理水平日益高涨的外部要求之间存在着难以解决的供需严重不平衡的矛盾。现有的各级各类班主任专业发展活动大多难以满足班主任个体的不同需求，实效有限。那么，班主任究竟需要怎样的专业学习、怎样的专业发展模式，能促进班主任自动自发地、持续地、愉悦地进行专业学习，并过上一种主体自足的、自然的、可持续发展的专业生活？这些问题一直是困扰着研究者和实践者的难题。

本文采用人类学与案例分析的方法，通过对"随园夜话"班主任沙龙第 74 期进行参与式观察，呈现具有独特性的班主任专业发展的日常生活片段，借助实践共同体和文化岛屿的概念，从理论和实践两方面进行分析，以期认识"随园夜话"班主任沙龙的本质特点和运行机制，提出和探讨一种自下而上的小而真、小而美、小而久的班主任实践共同体的专业发展模式，为创新具有中国特色的班主任制度提供一种独特的自下而上的实践路径。

一、问题的提出

南京师范大学齐学红教授领衔的"随园夜话"班主任沙龙到第 75 期已经历时八年多。沙龙成员以南京市中小学班主任为主要参与者和最先受益者,其中已经涌现出一批具有教育影响力的优秀班主任,有的已经成为省市级专家型班主任。另外,许多年轻班主任也慕名陆续走进沙龙,为沙龙不断加入新鲜感和活力。除了现场对话,沙龙也借助 QQ、微信等网络平台,突破地域界限,发挥着越来越广阔的教育影响力。作为沙龙的实践研究成果——"随园夜话"班主任沙龙现场实录也逐年整理出版。在著书立说的过程中,更多的班主任开始对自己的班级教育实践创新进行专业反思和理论总结,促进了自身的专业成长。出于对这种新的学习模式的青睐,国内从事班主任研究的一些学者和中小学德育工作者开始尝试将"随园夜话"班主任沙龙"嫁接"到当地,如山东的"梨园夜话"、湖北的"七彩桥"和广州的班主任沙龙等。这样一个具有民间草根性质的班主任沙龙为什么对班主任产生独特的吸引力和影响力?它究竟具有怎样的本质属性?又存在怎样的运行机制?这一模式对于班主任专业发展的理论和实践创新具有何种启示?如何基于中国本土立场和文化属性构建新型的、适合的班主任专业发展模式?对于这些问题的理论探究和学术思考,当前学界一直是真空状态。

《中小学班主任工作规定》(2009)中明确指出,"班主任是中小学日常思想道德教育和学生管理工作的主要实施者,是中小学生健康成长的引领者,班主任要努力成为中小学生的人生导师"。在全社会对学校教育高度关注的新形势下,作为班集体的领导者、班级建设的引导者和班级关系的协调者,班主任该如何赋予其专业角色以应有的意义和价值,实现自身的可持续发展?

一方面,在现实的学校生活中,班主任既承担着学科教学,又担负着繁重而琐碎的各项班级事务性工作。他们缺少专业学习的时间、精力和热情,透支着原有的专业资源储备和学习积极性,其班级教育专业素养与学校、学生、家长和社会日益高涨的专业要求之间存在着越来越多的难以解决的供需矛盾。另一方面，在职前教育阶段，他们没有进行专门的班级教育学理论学习，也缺少和班主任工作紧密相关的课程，如"班主任工作"或"班级管理"的内容比较陈旧，更多侧重于实践，而此时师范生即使进入中小学实习也往往不担任班主任，职前教育与具体实践普遍存在脱离的情况。另外，班主任职后教育往往忽视班级实际需求和班主任个体的专业素养需求，因此，也无法解决不同班级和班主任个体的问题，效果大打折扣。这就使得班主任专业发展似乎进入一个无法自洽的"黑洞"——亟须要学但又无法学、不想学，或者想学却找不到适合的学习资源……

如此一来，问题也就凸显出来：班主任需要怎样的专业学习或专业培训？班主任如何才能自动自发地、持续地、愉悦地进行专业学习，过上一种主体自足的、自然的、自娱自乐的专业生活，进行自我的专业可持续发展？这也是困扰研究者和教育实践者的难题。

班主任制度尽管也是"舶来品"，但从"拿来"之后，一直伴随中国教育改革和实践在不断地发展和逐步科学化。因此，对于班主任专业发展的学术研究要基于中国教育实践，研究当下学校教育、班级教育的真问题，对具有创新性和生命力的班级教育改革新成果进行理论梳理和剖析。而"随园夜话"班主任沙龙恰恰就是这样一个亟待进行理论探讨的具有现实意义的教育研究新课题。

二、个案描述：带班模式说之建模认知[①]

通过对本个案的描述，希望还原一个在学校现场发生的、基于班级教育实践问题的"随园夜话"班主任沙龙日常呈现，探究在充满独特文化韵味的专业学习场景中，大学教授、中小学班主任究竟如何在对话、分享、合作中，创生一种具有鲜明个性特色的新的班主任专业发展模式。

---

① "随园夜话"班主任沙龙第74期主题为"带班模式说之建模认知"，时间为2017年10月26日18:0—21:00，地点是南京外国语学校本部行政楼七楼。

本期沙龙在南京外国语学校举行。该校是在周恩来总理直接关怀下，于1963年创办的全国首批七所外国语学校之一。下午学生放学时分，我们（南师大教育科学学院研究生四人）作为本期沙龙的工作人员进入南京外国语学校校园。校园并不大，但环境优美，挺拔高耸的绿树、攀爬至四层楼高的鲜红的爬墙虎、绿油油的草坪、露天设置的木质长廊、休闲阅读区垂下的长长绿叶枝条，楼里陈列着纪念品、装饰画和文字雕塑……处处散发着自然、幽静、和美的气息。操场上奔跑着踢足球的学生，脸上洋溢着平和、愉悦的神情，几只肥大的猫在长廊里踱着步子，很难想象这是一所高中。夕阳西下，晴朗的蓝天上云朵被夕阳的余晖晕染上了一层浅浅的瑰丽亮彩，与暗红色的跑道、绿色的操场以及年轻健美的身影相映成画。

在学校餐厅用完晚餐后进入现场，发现里面已有一些班主任三三两两地聊着。在夜色的映衬下，屋里显得更加宽敞、明亮和温暖。每张桌子上有两个果盘，里面摆着小点心、香蕉和橘子。摄像机、多媒体设备、话筒、茶包、热水，一切已经准备就绪。

本期沙龙主持人顾青[①]的学习工作背景恰好与南京外国语学校和南京师范大学相关。与之前相比，她的身材明显"臃肿"了许多。她挺着大肚子，依然满面春风，神采奕奕。沙龙参与者包括南京市中小学班主任、德育工作者、南京师范大学班华教授和齐学红教授、南京市秦淮区教师发展中心刁亚军、南京师范大学教育科学学院研究生，共40多人。

顾青首先从"模式"这一概念的解读开始，她认为"模式，简单讲，就是基本法度"。尽管不是每一位老师都认同带班有模式，然而，不可否认，在每一个班主任的实践过程中或多或少都有个人的风格。接着，她抛出问题："模式是教育理念，还是个人风格？如果有模式的话，它是趋同还是趋

[①] 顾青，南外教坛新秀和校优秀青年教师，曾获江苏省高中历史新课程优秀课评比一等奖，在省、市等开设多次公开课和示范课。1998年南京外国语学校毕业生，2002年南京师范大学历史系毕业，2014年获得南京师范大学硕士学位，2016年8月在南京市班主任基本功大赛中获得一等奖第一名。所带班级多次获得市级表彰，如南京市周恩来班、南京市优秀班级、南京市中学先进学生集体、南京市中学先进团支部。

异呢?研究模式对我们班主任的实践工作有怎样的价值和意义?"

以下介绍本期沙龙的主要过程及片段。

(一)微调查:"我"是一位_____的班主任

沙龙参与者通过手机扫二维码进入微调查程序,每个参与者填上一个最能概括作为班主任角色的词语之后,能即时生成现场调查结果(见表1)。开场的调查形式新颖,一下子吸引了参与者的注意力。

表1 微调查反馈

分 类	表述词汇
理念/理想类	民主、科学、人性化、人道、创新、尊重、自我教育
性格类	开朗、活跃、冷静、热情、耐心、务实
情感体验类	幸福、快乐、痛苦、有情怀、充实、痛并快乐、心随生动
经历类	有无经验、平凡、学习型、提升型、追求成功、忙碌、操心
学科类	文科、理科、运动型、副科
实践类	有方法、有智慧、严而有方、亲历亲为、心慈手软、张弛有度
吐槽类	翻脸比翻书快、心灰意冷、苟延残喘、忙个不停却不见成果

(二)问题讨论环节

问题:你会选择用一个什么样的词语来概括自己?为什么?是哪些因素影响了班主任对自我的概括?你认为研究趋异会带来哪些实际价值?

顾青引导现场的班主任说出所写的词语,分享"词汇"与自己的故事。陶老师分享了"严中有爱,心随生动",他认为男老师带班,更要关注威信的树立。因为中学生正值青春叛逆期,班主任带班要有方法,要注重关爱学生。陶老师分享了自己班里的故事:一个学生要出国留学,本班学生自己组织筹钱买了新校服,并签字作为礼物送给他。在陶老师那里,严与爱可以并存,也应该并存。莫愁职业学校的吴老师填的词语是"幸福",她强调作为主观感受的幸福是唾手可得的。年轻的唐老师填的词语是"尊重学生个性",

她平时利用班级日志来挖掘学生个性，给予学生信心。每个词语不仅反映了班主任对自己角色的评价，也隐藏着生动的班级故事。

顾青出示调查结果表，并追问："这些表达与带班模式有怎样的内在联系？如果带班存在模式的话，从表格中能否看得出它的一个特点：既趋同又趋异？"很显然，沙龙成员对于这个问题很迷茫，一时不知怎样回答。

顾青随即邀请其同事李老师来回答。李老师认为，趋同的有民主、幸福等，趋异的特点和智慧相关，认为"班级管理是技术和艺术的融合"。对于表中的某个词，参与者对概念的理解有偏差，对于趋异同程度的认识也存在高低的差异。所以，即使写的词一样，其内涵也不一定相同。

关于影响班主任自我概括的因素，一名工作四年的年轻小学语文教师强调了年龄、教龄、经验和学习的重要性："班级现状让我处在惊吓和惊喜之中，学生们不断给我带来挑战。"胡老师则认为亲和力很重要，岁月的历练与职业的自我认知以及自省力是影响因素。潘老师根据自己的心路历程，提炼出的影响因素是"从代理家长到有故事的人（不断吸收养分），再到值得学生敬畏的人（毕生的追求）的角色转换"。他突出了在变化中发现自我的不同。吴老师指出，无论在职业技术学校，还是在普通高中，她都希望成为优秀班主任，也认定幸福感是对自己最重要的影响因素。

顾青表示，影响自我概括的主观因素有任教年限、性格、经历、特长、喜好等，客观因素有时代社会背景、学校、学生及家长等，并进一步剖析了对模式的理解："模式是一种或几种理念，也可以是几种有效的方法。"

几位班主任在分享中澄清：班主任要认识自己的带班风格，要借鉴学习不同的东西，坚定自己的信念。在班级工作中，有时会陷入僵局，这时候，不断观察别人是怎么做的，就能学到新东西，打破僵局。因此，研究趋异可以打破自己的局限。顾青进一步指出："研究趋异，可以认识事物的多样性、复杂性和独特性。君子和而不同。趋异是必然的，也是有非凡意义的，有助于分析客观情况，提高自我认知，指导实践。"这一环节的讨论从主客观两个方面，进一步梳理班主任的班级管理理念和影响因素，为后面提炼自己的带班模式或风格作了铺垫。

（三）认知实践环节

案例分析一

连连看，根据情境分析，这是以下哪位老师可能采用的方式？或者你可能会采取哪种方式？为什么？说明理由。

面对上课违纪的学生采用的方式：　　　　　　　　备选老师：
（1）写出一份所犯错误的病历并写出医治方案。　　魏书生
（2）自习课说话接力。　　　　　　　　　　　　李镇西
（3）转怒为抚。　　　　　　　　　　　　　　　万玮

这个案例不仅考察了班主任对于专家型班主任带班风格的了解，而且也创设了个性化策略的表达空间，具有良好的思维张力。在讨论中，班主任的个性化解决策略为拓宽思路提供了丰富的参考。一位班主任说自己会照顾高中生的自尊心，采取自罚的方式，从而达到管理的效果。另一位班主任讲述了一个班级故事：临近期末考试，意外地发现学生们在教室里放电影，当时心里很生气，推开门走进教室的一刹那，学生们都惊呆了，教室里很静。他调整情绪，采用了转怒为抚的处理方式，先是在教室里安静地转了三圈，然后走上讲台说："临近考试了，同学们可能比较累，需要一些疏解压力的方式，距离本节课还有20分钟，咱们可以继续看电影，不过同学们要答应我，从今天开始要加紧努力，积极备考，我也承诺，考完试咱们一起把这个电影看完。"结果效果非常好，后来这件事被学生们写进了班主任评测中。

南外的刘老师对于学生犯错提出了不同看法。他指出，学生是成长中的人，犯错是常有的事。面对学生犯错误，班主任怎么处理体现了他的班级管理模式，同时也体现了教育理念。不同的班主任即使使用同样的方式，得到的结果也会不同。所以，班主任借鉴别人的方法时，还要根据平时班级管理风格、学生性格等实际，采取有针对性的措施。

一位英语老师讲述了自己在教育一个上课喜欢插话的学生时的经验——尊重认同，细心安抚，并派给他任务，让他慢慢建立自信，效果十分明显。李老师说："教有常法，教无定法，贵在得法。这个法就是模式。"他一般会

先了解具体情况，发现问题，然后分析、研究"病历"，最后是找准方法，进行医治。面对学生犯的错，李老师强调了班主任冷静思考的重要性。

顾青小结道："魏书生老师法度严明，外儒内法，所以连（1）；李镇西老师是儒家，所以连（2）；万玮老师是上海交大数学系毕业的，比较强调威严感，所以连（3）。"

尽管上述归纳总结依据的是三位优秀班主任的带班特色，但在具体的教育实践中，他们会不会对于不同学生的同类问题采取一致的处理方法，值得怀疑。这一答案也真实反映了主持人对专家型班主任班级管理模式认知的片面化和简单化。

案例分析二

班级发生失窃事件。晚自习前，小张说他今天才带到学校的好易通不见了，自己一直是放在抽屉里的，只有在下午体育课的时候才暂时离开过教室。目前全班同学都没有离开过学校，距离晚自习开始还有一刻钟，没有同学请假。

（1）大家可能会怎么做？

（2）在掌握了一些证据的情况下，你会怎么做？

（3）大家有没有发现自己的想法和他人的区别？为什么会有这种区别？

沙龙进行到这里，进入了一个小高潮。班级失窃事件是许多班主任特别头疼的麻烦事，因此讨论十分热烈。班主任大多认为这一事件性质较恶劣，可是犯错误的是孩子，为了把负面影响降到最低，会采取较为委婉的方式。比如，晚自习时询问学生是不是拿错了，让同学们帮忙找一找，给犯错的孩子一定的缓冲时间。有班主任强调监控、证据和沟通的重要性，并提醒大家，不了解情况，不能妄自下结论。陶老师和另一位班主任讲述了自己的班级故事，丢失的钱失而复得，引人深思。顾青赞同前面几位班主任的观点：尊重学生，保护学生，给学生留一个空间。她说："班主任要相信学生，即使犯错，了解他的为人，也要相信他可以改错。"

韦老师自我定位为"小懒型"班主任，自言师从其父。他父亲是自己的小学老师，很懒，上课时让自己帮忙在黑板上抄题目，结果自己练出了一笔漂亮的粉笔字。他从自己的成长经历中得到启示，认为班主任的处理方式取决于学生的特点、自身的性格和平日的行事原则。2008级毕业学生曾夸韦老师"懒得有理"，而韦老师欣赏的著名班主任魏书生也自称"天下一大懒"。因此，班主任的"懒"是个大学问，魏书生"懒"在科学民主管理上，由此成就了学生。班主任应"引导学生多做事，指导学生会做事。"

案例分析三

表2 班主任自我认知项目

类别	认知项目			
校型	概况	办学特色	学校对师生的各项要求	
生型	生源	学段	特点	个人/家庭期待
师型	从教及班主任经历	性格分析	特长、爱好	自评	对班主任的期待与评价
优势	常规管理、活动、心理辅导、家校合作……			

表3 顾青的自我认知

类别	从教及班主任经历	性格分析	特长、爱好	自评	对班主任的期待与评价
师型	1992—1998年南外学生；1998—2002年南师大历史教育学本科生；2002年至今为南外历史教师，任初中班主任三年、高中班主任八年	多血质、右脑倾向、表达型、活跃型	演讲、写作、戏剧、心理	冷静、务实、创新、有时急躁、权威不足	（采访学生视频）活跃、充满智慧、点子多、亲和力强、把自己的经历毫不保留地分享给学生

顾青出示表2、表3，从学校、学生和教师类型以及优势等角度，引导班主任借助表格进行自我反思。为了便于班主任迅速掌握自我认知的方法，她重点展示了自己在教师类型方面的认识。资深班主任尹老师分享了自己16年班主任生涯中的小故事《钱去哪了》，从中剖析了犯错学生的复杂性和特殊性。他认为当班主任面对无法解决的特殊问题时，需要主动找专业机构寻求专业帮助。

顾青在启发班主任深化自我认知的同时，也引导大家重视他人认知。与前者相类似的是，既要分析班主任在班级管理方面的优势（常规、活动、心理辅导、家校合作等），也要概括班主任的带班模式或班级管理风格。顾青分享了采访自己学生的视频，从他人认知方面支持了前面提出的自我认知结论。这样综合内外部的认知分析，班主任就能够比较客观地发现自我的特点。

（四）结束

如果让你给自己建模，你会从哪些方面进一步了解主客观的信息？你认为自己趋向于什么类型的教师（民主权威型、艺术家型、保姆型、领导型、朋友型……）？

顾青进一步引导班主任回归主题，思考自我建模的方法。她借用建筑学上的BIM[①]概念模型，提出班主任自我建模可以参考此模型。这一观点也为班主任带班模式的理论研究提供了一个有价值的参考。最后环节是专家点评，南京师范大学的两位班主任研究专家对沙龙议题进行补充、深化和理论提升。这一环节是所有沙龙参与者最重视的，专家对问题的梳理、澄清、提炼和分析总会给人惊喜，班主任也更喜欢专家立足实践问题"就事论事""就事论理"，进行个别化指导。

---

① BIM（Building Information Modeling）是指以建筑工程项目的各项相关信息数据作为基础，管理三维建筑模型，通过数字信息仿真模拟建筑物所具有的真实信息。

三、班主任实践共同体:"随园夜话"班主任沙龙的本质特征

教师专业发展研究中存在三大理论流派:理智取向、实践—反思取向和生态变革取向。其中,后两种取向成为教师专业发展研究领域的热点。实践共同体也日渐成为教师专业发展的强势话语之一。已有研究多集中于实践共同体的含义、特征、价值、活动方式等,探讨的是教师专业发展的应然状态。在实践领域,实践共同体的建构面临着许多实际困难,但也有实践创新。班主任工作的性质决定了其实践性特色,无论是班级工作还是班主任专业发展,都迫切需要依靠教师群体之间的合作、沟通和学习。那么,"随园夜话"提供了怎样一种新的社会关系和学习模式呢?

关于实践共同体的界定,完整的概念最初是由莱夫和温格在《情境认知:合法的边缘性参与》中提出的。[1]"实践共同体"作为一个人类学术语,来源于人类学家对学徒制的研究。莱夫和温格等人的研究,原本是指特定活动系统中的社会关系,它开辟了学习理论的新视角,提出学习是实践共同体中合法的边缘性参与。它对教师专业发展的启示主要在两方面:一是认识到教师群体作为一种"实践共同体"而存在;二是关注教师实践共同体中教师之间的交流与学习,以探索教师专业发展的机制和改进策略。

我国学者胡重庆等认为,教师实践共同体作为一种学习方式,是以教师个体在教育教学实践中所遇到的问题为纽带、以平等的协商对话为手段形成的一种民主开放的学习型组织。在该组织中,同质促进,异质互补,以实现共同体中个体教师的专业发展。这一种开放、灵活的学习形式,规模不限,问题来源于实际困扰,并提炼为主题或话题,便于聚焦,引发有针对性的讨论和思考,是一种激励、唤醒、安全、积极的情境创设。

今天,教师带班育人的责任是要培养符合未来社会发展需要的人。这不仅是对班主任的要求,也成为对所有教师的要求。因此,本期的话题聚焦班主任工作,也是聚焦教师对学生的教育工作。因此,不只是对于班主任群体

---

[1] 叶海龙."实践共同体"及其对教师专业发展的启示[J].当代教育科学,2011(16).

来说有进一步研究的价值，对于为数众多的全体教师而言，也同样具有研究价值。这样，"随园夜话"就从班主任沙龙提升拓展为全体教师教育学生的专题研讨，更进一步说，也是对教育根本目标和立德树人宗旨的落实。

那么，怎么走向这个目标？齐学红教授先是回顾了上一期沙龙主持人袁子意老师对自己过程成长的案例剖析和班级后黑板文化研究成果，认为他成功诠释了自己的带班理念。接着指出，顾青引导的带班模式探索则体现了另一种风格的班主任自我研究。这些研究话题体现了一种自下而上的研究方式。顾青的研究创新不仅体现在研究方式——通过对词语进行归纳、概括、总结和归类收集资料以及进行微调查，而且也体现在聚焦"班主任是怎么诞生的"这个有研究价值的问题上。另外，关于对影响因素的进一步探讨与表达，也同样是十分有价值的。本期"随园夜话"探讨了班主任的自我角色以及角色的诞生过程和影响因素。在主题讨论和案例延伸的过程中，这一研究问题从班主任对自我角色的反思中逐渐显露出来。在最后的点评环节，班华教授归因到教育目的观上，强调"教育就是解放儿童，让儿童自己成长"。他还推荐了一本书《有一种毒药叫"成功"》，提醒班主任要戒除功利思想，以免损害学生成长。齐学红教授在大家讨论的基础上抛出问题，引发大家进一步思考："你是一位怎样的班主任？你是怎样成为这样的班主任的？"齐学红教授认为本期沙龙研究的问题很有必要性，优秀班主任都是与学生一同成长的。在卓越的老师身上都有着共同的品质：热爱学生、团队意识、责任心和使命感。这也是趋同研究的价值，尽管沙龙的讨论并不充分。至此，研究问题得以进一步提炼，具有教育社会学和人类学意蕴的研究问题成为班主任专业反思的新的生长点。这样，"随园夜话"作为一种学习方式，以班主任个体在教育实践中所遇到的现实问题为纽带，以平等的协商对话为手段，形成了一个民主开放的学习型组织，建构了班主任实践共同体。在这一新型自组织中，围绕问题展开研究，班主任同质促进、异质互补，促进了实践共同体中个体教师的专业发展。因此，班主任实践共同体就是"随园夜话"班主任沙龙的根本属性。

其实，这种自下而上的研究方式，正是"随园夜话"班主任沙龙的特色和魅力所在。自下而上的研究是一种微观具体的研究，也是一种基于实践、用于实践的研究，更是一种教师自我发现、自我发展的行动研究。

在班级管理和学生教育领域，缺少的从来不是宏大、抽象的理论体系。教育目标的实现，最终落脚于学生的教育与发展。这里的学生既是作为抽象整体的学生群体，也是各具特色、千差万别的学生个体。因此，教师的自我研究、班主任的自主研究就显得尤为重要和珍贵。在自上而下的教育研究中，一线教师和班主任作为教育理论的学习者和实践者，处于被动和弱势的地位，他们对于理论缺乏话语权，需要学习理论家和专家教授的观点与论证方法，运用所谓的学术研究思维框架来搭建自己的话语体系。在这样的学习和实践中，他们是缺乏专业自信和自尊的，当然也难以激发研究的主动性和潜力，教育创新也十分困难。

"随园夜话"则与此截然不同。尽管在沙龙里也有大学教授和专家，然而，他们担任的角色是倾听者、学习者、激励者和促进者。就像本期沙龙的点评专家班华教授和齐学红教授，他们不以专家自诩。从沙龙主题的拟定、主持人的毛遂自荐，到沙龙现场的讨论争鸣，他们始终坚守自己的立场：班主任是班级管理和学生教育领域最好的研究者。他们在班主任身上总能发现闪光点进行激励，在讨论与问题探索中总能发现研究和思考的种子，在班主任声情并茂的班级故事分享中总能捕捉到创新的火花。对于年轻班主任，他们不吝于鼓励；对于资深骨干成员，他们也勤于督促。"随园夜话"中大中小学研究者的"混搭"，时常碰撞出思想的火花。年轻的新班主任可以在这里学到实用的教育方法，资深的优秀班主任可以从中发现新的研究问题，大学教授和专家可以从中发掘新的理论生长点，丰富班主任研究的理论和实践。

本期沙龙活动聚焦于班主任的自我认知与自我提高，是班主任作为自我研究的主体享有专业话语主权的专题研究实践。这一研究是名副其实的班主任研究，因为这是促使班主任形成专业自觉的研究。从研究的角度来看，首先，研究目标是班主任的自我角色定位，是对班主任自我当下状态的一种判断。其次，研究方法是教师自传研究和话语分析，体现出研究者优秀的思维品质——清晰的自我觉察能力和话语判断能力。如韦成旗老师对"小懒型"班主任的解读，对父亲和魏书生对自己影响的反思，就是一个很好的例子。再次，研究内容是对班主任日常生活案例、自我特点、工作环境和文化影响的分析，在此基础上试图构建相关理论模型。最后，问题讨论是指案例需要进一步解读与质疑。其一，案例描述中如何正确定义问题的情境，揭示问题的性质。齐学红教授抓住讨论中的要害，提醒班主任思考："学生犯错误"是一种学习，还是不可饶恕、必须惩罚的？班级失窃事件是心理问题、道德问题，还是校园欺凌问题？其二，处理班级失窃事件的原则与底线是保护和尊重学生，而不是为了破案，找到"凶手"。因此，要采用教育手段，守住教育的底线。其三，关注儿童的心理，找到行为背后的心理原因，这就需要班主任在专业发展中重视儿童心理教育这一领域。班级管理和学生教育要因材施教，根据情境和学生特点，灵活选择教育方法和策略。

不可否认，由于班主任的研究能力和研究视野有限，本期沙龙在上述问题的讨论上存在模糊认识，甚至是错误认识。大学教授的专业介入和点拨支持，可以及时予以发现、揭示、矫正和促进问题的深入研究，确保自下而上的研究具有科学性和全面性，促进班主任将经验层面的实践智慧升华为专业知识，或者将专业知识与班主任的实践智慧有机结合，为深入研究提供新的理论视角。本期沙龙经过问题串的层层讨论和实践操作，为今后研究班级管理提供了新的视角，也为继续研究"良好班集体的诞生"这个课题提供了丰富的实践资料。

四、一个自足自在的文化岛屿：班主任专业发展的实践想象

皮亚杰的个体认知建构主义强调，学习发生在与他人的交往和互动中，学习者是在与周围环境相互作用的过程中，逐步建构起关于外部世界的知识，从而使自身认知结构得到发展的。社会互动理论也强调个人之间、群体之间的合作与互动对个体认知发展的媒介作用，并在此基础上提出了"学习共同体"的概念，即由学习者及其助学者（教师、专家等）经常沟通交流不

同的教育思想、观念、方法、困惑，分享资源、经历和得失，与同伴进行专业切磋、合作，共同完成任务，形成相互影响、相互促进的人际关系，建立一个开放的实践团体。

如前所述，"随园夜话"班主任沙龙不仅具有"学习共同体"的属性，而且更是"实践共同体"。以实践者为主体的教育研究实践共同体来自学习共同体，把教育活动看成一种专业学习实践，即在实践中学习，并通过行动建立参与者之间持久的共识和承诺。教师通过反思对出现的问题进行内省，寻求一种解决问题的方法和策略。这种反思行为建立在实践基础上，相互信任、倾心交流，具备共同目标和自我发展的动力。

美国麻省理工学院斯隆商学院的教授埃德加·沙因在组织文化领域中率先提出了关于文化本质的概念。他分析了文化的构成因素，并对文化的形成和文化的演化过程提出独到的见解。作为国际上享有盛誉的实战派管理咨询专家，"企业文化"一词被业界公认是由他"发明"的。1992年，沙因在他的名著《组织文化与领导力》一书中，将组织文化定义为"一种基本假设的模型"——由特定群体文化在处理外部适应与内部聚合问题的过程中发明、发现或发展出来的——由于运作效果好而被认可，并传授给组织新成员以作为理解、思考和感受相关问题的正确方式。对"随园夜话"这一草根组织进行文化分析，我们也可以借助沙因的这一研究。"随园夜话"班主任沙龙的组织文化是由大学研究者和中小学班主任在处理外部适应与内部聚合问题的过程中发明的一种实践共同体文化。多年以来，尽管没有任何行政力的干预，也没有明确、规范的制度进行"规训"，这个最初不到十人的草根组织逐渐发展起来，而且影响力在慢慢扩大。沙龙的先行者已经成为南京市、江苏省乃至国内具有影响力的专家型班主任。基层班主任带着各自的班级管理问题和困惑来到这里，不同的观点进行交流碰撞，也催生了一系列班级教育创新成果。"随园夜话"逐渐成为班主任的情感加油站、思想催生园、专业成长助推器和精神家园。在这里，研究具有了鲜活的生命力和独特性，教师作为发现者、研究者和实践者的专业角色得以确立和不断发展，专业自信和学术领导力不断被构建。从"随园夜话"的成长史来看，这一班主任实践共同体的组织文化更像涓涓细流，润物无声，不断朝向海洋行进。

自下而上的团队组建方式和沙龙运行模式，不仅显示了"随园夜话"鲜明的草根性质，而且也证明了这一模式的生命力与存在价值。一线班主任围绕班级管理和学生发展自主申报感兴趣的话题、问题，提供丰富的班级管理案例资源；班主任沙龙核心组成员负责对班主任提出的问题进行归类、整理和及时发布，确保研究的持续性和主题的吸引力；大学教授和专家负责进行专业引领和学习推进，包括对理论研究、实践反思和实践智慧的提炼，对班级教育创新思想的肯定与理论阐释，对班主任存在的模糊认识和片面认识予以澄清与矫正，引导回应实践中不断涌现的新问题和新挑战。

在《组织文化与领导力》一书中，沙因还提出了独具特色的"文化岛屿"概念。在当前中国教育改革进程中，教师的专业发展成为制约改革深化的瓶颈。如何激发教师的专业自主意识和学习积极性，从国培计划到地方各级教育行政部门乃至基层学校都在积极尝试，试图找到一条现实有效的方法和路径。"随园夜话"班主任沙龙无疑提供了一条有价值的创新路径。在多元文化群体中，专家和基层班主任提升协同工作能力、构建班主任实践共同体，从而形成具有鲜明特色的小而美的可推广模式。"随园夜话"的运行机制和自组织文化，也为进一步探究班主任实践共同体的运行逻辑与未来发展提供了极具想象力的研究空间和实践场域。

在世界教育改革创新的海洋里，"随园夜话"更像一个自足自在的文化岛屿，具有鲜明的文化基因和文化领导力。"随园夜话"不仅实现了班主任专业成长的自给自足，而且超越班主任群体的现实需求，指向卓越教师专业成长的普遍规律和个性风格，为教师专业发展提供了一个充满乐观和希望的实践想象图景。这是中国班主任研究者和实践者对教师专业发展和学生健康成长提交的一份现实答卷，也理应是具有中国特色的班主任实践共同体的本土化成果。

南京师范大学教育科学学院博士生　滕辉

2019 年 6 月 20 日

辑 二

"随园夜话"与班主任专业成长

我与随园的故事

2007年中秋节的前一个晚上,我有缘结识了大名鼎鼎的班华老师和齐学红老师,也知道了一个令人无比羡慕的沙龙——"随园夜话"。

一、亲切温暖的随园

当时的自己正处在教育生涯的瓶颈阶段,工作已经20年的我已然明白一味追求分数给学生身心成长带来的危害,但身为资深的毕业班把关数学教师、金牌奥林匹克教练员,确实也是身在旋涡中,跟着大潮流在上下翻动。

当时的班主任生存及发展状态远不及今天,虽然教育部说班主任是中小学日常思想道德教育和学生管理工作的主要实施者,是中小学生健康成长的引领者,班主任要努力成为中小学生的人生导师,但实际情况是:从班主任的角度来说没有任何上升空间,更没有市、区德育青年教师及带头人之说,班主任方面的论文对于教师评审职称、评优选先没有任何作用。更何况这个世界上最小的主任——班主任,在学校里"官位"虽小,但责任重大。作为一个教育者,谈到做人,你要做学生的表率;谈到学问,你要做学科的专家;谈到工作,只见你每天忙里忙外,从班级里进进出出,找这个谈话,找那个交心,学生买不买账、家长领不领情还说不定……班主任工作是个筐,什么内容都要往里装!工作任务繁重,工作压力巨大,工作成果无用,这样的班主任如何做?

正当精神痛苦、无路可寻的时候,我遇到了班老师,遇到了齐老师,遇到了"随园夜话",一下子有了找到组织、找到亲人般的亲切和温暖,原来还有这样的一群人,自觉自愿,毫无功利,主动放弃自己的休息时间,每月在这里相聚,忘情交流,积极探讨,忘记了时间,忘记了休息,为着自己心中的那一份教育情怀,常常讨论到深夜。从此,每月的那个日子成了我的期盼,每一次的夜话总能令人心潮澎湃,齐老师温暖的笑容成了心头那一抹白月光……

二、紧张激烈的随园

随园是温暖的,夜话是亲切的。这感觉随着我的一次主持沙龙活动发生了改变,原来随园也可以是紧张激烈的。

记得那次我精心地准备了一场关于"班级失窃"话题的沙龙。作为一名久经沙场的破案高手,我津津有味又志得意满地给老师们讲述了我对这个问题的观点和看法后,似乎有些冷场,齐老师一贯的温柔似乎也看不见了。这时候,一个声音冷冷地从后面抛过来:"班级发生失窃现象,老师一定要破案吗?"猝不及防却又切中要害,让我一下子措手不及。

"当众破案会给这个孩子带来什么样的感受呢?"

"这个孩子今后将如何面对全班同学呢?"

"作为班主任老师,应该如何利用这样的教育契机,更好地教育全班同学呢?"

一连串的质疑接踵而至,直叫人紧张出一身冷汗,看似毫不留情,却是真实客观,手忙脚乱的我当时就觉得有些尴尬,有些下不来台,有些面红耳赤,但是看看周围,大家似乎并没有要故意为难我的意思,都只是在关注话题本身,关注话题中每一个学生的发展……

那一晚是怎么度过的,我早已不记得了,只记得自己的心跳过速、慌乱无比,从一开始的嗔怪到渐渐坦然面对,再到事后对问题有了新认识与反思。

十年间,我经历了很多次这样激烈的争辩,有些老师害怕了,有些老师退却了，但是更多的老师在这样的氛围中成长了。

三、平等自由的随园

"随园夜话"里除了我这样的普通老师，还有黎主任、李博士这样资深、专业的德育研究专家，有刚工作一两年的年轻老师，也有尚未踏上工作岗位的研究生、实习生，更有班老师、齐老师、朱老师这样的大学教授。

我是一名小学老师，因为学历低（我起始学历是中师），执教的学生年龄小，工作细碎、烦琐，导致学习能力和意识都不足，自我感觉在学识、眼界和胸襟诸多方面逊色于很多老师，尤其是在班老师这样的泰山北斗人物面前，更是觉得连话都不敢随便说。面对他们，我只剩下毕恭毕敬地聆听和高山仰止地学习。

刚开始参加"随园夜话"的日子，我把这里当成一个与"尺码相同"者欢聚的场所，遇到自己熟悉、感兴趣、有共鸣的话题就会积极思考，寻找共同点；遇到一些与自己想法意见完全不一样的话题时，就只是静静地聆听，并不愿意当面表达自己的想法。

然而，在随园的日子里，我的这些根深蒂固的念头被彻底打破了。从走进随园的第一天起，我就感受到这里充满了平等与自由，每个人在这里都被尊重，每个人的发言都能被关注、被倾听，教授们从来没有过颐指气使，老师们也不需要胆怯和懦弱，因为每一期都是来去自由的，没有要求，更没有逼迫，完全都是自发、自愿的，倾听也罢，主持也好，争论也行。每一期沙龙都参加的齐老师、黎主任犹如定海神针一般让我们感到那么安全和放心，年过八旬的班老师更是身体力行，总是积极参加。最让人难忘的是班老师总挂在嘴边的一句话："没有学生何来老师？"这种平等的意识何其珍贵。专家、教授们平和的声音、慈祥的面容、谦和的话语总能让我忘却自卑与渺小，尽情与他们探讨交流。袁子意、尹湘江等资深沙龙成员总是用自己智慧的思想引领着夜话，使交流探讨的过程更加跌宕起伏、高潮迭起。在他们的引领和示范下，夜话的氛围是如此之美好。

四、点拨启智的随园

在随园，有大学教授们高屋建瓴的理论引领，有一线教师脚踏实地的实践与探索，还有科研工作者们的穿针与引线。在这里，既有民主平等的学术氛围，更有除却功利的自觉学习，因而随园是一个促人奋进、点拨启智、助人成长的乐园。

儿童是成人之师！十年前，我第一次从班老师那里听到这话时，是不以为然的，只是感觉到班老师谦虚低调得让人敬佩，甚至觉得这不过是写在文章中、挂在嘴边贴金的话语而已。到如今，我是真真实实感觉到儿童的伟大与纯净，感受到自己一辈子与儿童在一起的幸福与快乐，进而发自内心地愿意向儿童学习，这一点一滴的启迪都源自随园。

再比如，当我无意间走进了自闭症儿童的心灵，让这个孩子的状态发生了明显改变之后，是齐老师的一句话点出了学生变化的真谛，那就是："安全感、信任感等都是人性中最恒常的需要……"每一个学生乃至每一个人最需要的是安全感，我无意间的一个举动让特殊儿童真正感到安全，孩子只有感觉到被承认、被接纳、被保护、被爱，才可能融入集体生活。这样的点拨一下子让我找到了方向，从稀里糊涂、误打误撞、歪打正着进入了正确、科学、艺术的育人轨道，让学生和老师的成长就这样润物无声、自然而然地发生着。这样的启示还是源自随园。

这样智慧的点拨十年间数不胜数，像我一样被启迪的老师不计其数。十年来，这里成长起一批优秀的德育工作者，市、区德育学科带头人，优秀青年教师。这里是大家成长的精神家园。

这就是随园，一个让人感到亲切温暖的地方，一个让人紧张心跳的地方，一个让人坦然说话的地方，一个让人深刻思考的地方，一个让人不断前行的地方。

我爱随园，愿意一辈子徜徉在夜话的怀抱中……

南京市芳草园小学　郭文红
2018 年 9 月 3 日

教育觉察

——我在"随园夜话"这十年

很多人会说,在"随园夜话"的这十年不知不觉就过去了。然而对于我,这十年可绝不是不知不觉就过去了的。因为我在这十年里,从一个教育的闯荡者转变为一个教育的觉察者,走过的并不是一条平坦的路。

2008年上半年,我由吴虹大姐介绍,到南师大教科院参加由齐学红老师牵头的一本教育书籍的编写工作。经常性的探讨交流给我们一群人留下了很温馨的印象,同时大家也都觉得齐老师给我们很多启发、教诲。所以编写工作结束以后,我们相约每周一次,继续在齐老师的带领下做班主任工作研讨。可是书已经编完了,我们围绕一个什么话题讨论呢?又在什么时间讨论呢?围绕这些问题,几位教育路上的耕耘者反复商量,最终决定把探讨时间定在晚上,地点自然还是在随园校区,同时又决定由我来尝试着主持一次以"和班主任谈'恋爱'"为主题的沙龙。因为不知道能否成功,就把这一次沙龙称作"第零期沙龙"。那个时候我们的活动很频繁,因为充满了热情,所以每周举办一次。也记不清是第几期的时候,由陈宇老师提议,大家一致同意把沙龙的名字定为"随园夜话"班主任沙龙。

"随园夜话"班主任沙龙就这样应运而生。

2001年6月,我从徐州师范大学中文系汉语言文学教育专业毕业,到2008年已经工作了七年。在那之前我始终没有对自己的角色有一个明确的觉察,始终觉得自己就是一个"教语文的",同时兼做班主任而已。很久以来,我仅仅参加了数量极其有限的教育培训,更多的是参加教学培训。但是在参加了"随园夜话"之后,我才开启了对自己职业角色的觉察:我是一个搞教育的!我才注意到母校培养我时,给我定下的方向是"汉语言文学教育",从构词法的角度来看,"教育"是中心词,"汉语言文学"只是定语,这就意味着"汉语言文学"处于附属地位,只是我实施"教育"的方式、手段、途径、方法。我明白了这一点之后,就立刻知道了自己的方向,知道了我们在教育领域所采取的一切行动,其实都不过是奔着同一个目的"教育"而来的。所以,只要不是以教育为目的的行动,不论是个体的行动还是群体的行动,也不论是单向的行动还是组合的行动,在教育者看来,其实都是盲动。

2008年的暑期,我第一次和外地的同行做交流,齐老师为我选定了"班级活动的创新"这个题目。我认真作了准备,还在家里进行了彩排,试讲了一遍,感觉三个小时应该是差不多的,于是就带了课件到达培训地点。那是我感觉最漫长的一次交流:午间接待方安排休息,我都没敢合眼,重新把打印出来的稿件再过一遍,站在镜子前面反复看自己的动作、表情;演讲开始以后,虽然我努力使自己镇静下来,但是仍然无法避免汗流浃背的结果。我记得那天穿的是蓝色的短袖衬衫,场间休息的时候,衬衫已经完全贴在我的身上了。我在回来的路上陷入了思考:为什么我能够把活动做好,却不能冷静而流畅地把它说好呢?当时我是没有得到答案的。经过了这么多年,我渐渐觉察出,懂得如何开展一项班级活动仅仅是"术"的层面,但是能够冷静而流畅地把这项活动诠释出来却是"道"的层面。我们唯有进入"道"的层面,才能把一项班级活动中前前后后的"零头碎脑"说清楚。这大概就是我们常说的"不仅要知其然,还要知其所以然"。但是这话说起来容易,体会起来难啊,更何况做起来呢!

在这么多年的成长过程中,齐老师好像极少给予我们醍醐灌顶式的教导,更多的是为我们搭建一个平台,为我们创设一个自我觉察的机缘。

2010年,我们跟着齐老师一起到江阴华士举办"首届全国中小学班主任高层论坛"。我当时负责一个中学分论坛,来自全国的同行很多,大家的思维都很敏捷,发言很有水平。作为教育研究领域的一名新兵,我觉得诚惶诚恐,但是仍然把它视作向全国同行学习的绝好机会。在论坛间隙,齐老师的一番话给我很大的震动。她说她的博士论文就是在华士写就的,通篇没有一处引用,因为最有价值的教育理念都应该从教育实践里来;虽然书本上的知识也很有价值,但是唯有从教育现场获得的启发才是最具当下意义的。教育肯定要向前人学,但是更要向当下的现实学。在此之前,我总以为要想在教育里发声,就要师法前人,师法大家,师法名家,师法经典。齐老师用自己的亲身经历告诉我们,一线教师最大的优势就在于一直拥有最鲜活的教育案例。这些案例在没有教育觉察力的人看来是有成败差异的,但是在有教育觉察力的人看来就不再有成败差异,而是只有教育价值了。成功的教育有其成功的价值,失败的教育也有其失败的价值,可以供我们反思。我们明白了这一点之后才在教育实践过程中逐渐变得心境平和,因为我们步教育之尘,不再有成败之心,唯有价值取法的意义。

随着"随园夜话"的发展,我们也迎来了国内的一批教育同仁,李镇西先生、万玮老师,还有"北京市十佳班主任"隗金枝老师、山东枣庄的赵峰老师等,太仓、无锡,甚至湖北襄樊的教育同仁也不畏远途,到随园参加我们的沙龙;更有镇江润州区班主任工作室的华莉主任、凌荷仙老师等长期坚持跨市参与我们的活动,甚至经常担任沙龙的主持;这一两年,上海市徐汇区德研室的张鲁川主任也多次带领徐汇区班主任高研班的老师们来到南京,他们不仅参加"随园夜话"沙龙,还到我们的基地学校参观交流,感受"随园夜话"的辐射魅力。

南师大教科院的资深教授班华先生,作为全国班主任研究领域的泰斗级人物,近年来也多次来"随园夜话"给我们这些晚辈以指导。南京市教育科学研究所的李亚娟博士也经常来沙龙和我们互动、研讨。

"随园夜话"每年除了有正常的八期左右的沙龙活动,还会有一两期的闭门沙龙,专门研讨下一学年度的主题安排,商量主持人选。记得齐教授在闭门沙龙上曾经叮嘱我们,向这么多的同行、前辈学习,其实只是学的一个部分,很基础的一个部分,更重要的是向自己学习,不断地实现自我的思维超越;千万不能因为自己做过一些什么就沾沾自喜、故步自封,只有超越了自我,才算是获得了真正的成长。齐教授还以几乎全程参加了"随园夜话"

所有期次活动的黎鹤龄前辈为例激励我们。黎前辈很多年前就已经是南京市玄武区教科所主任，后来又到南京市外国语学校仙林分校主持教科研工作，在南京的教育科研领域应该说早已走在前面。但是他仍然坚持参加"随园夜话"，而且经常能够从我们这些年轻人身上发现值得学习之处，我们不是更要自我发现、自我提升吗？

是啊，回顾这些年来沙龙里进进出出的这么多教育同行，大家都在自己的领域里逐渐拥有了一席之地。比如吴虹大姐在沪江网任首席教育执行官，已经成为大家；郭文红老师成立了自己的工作室，引领一批年轻的教育人前进，"斯霞奖"是对郭老师的极大认可；罗京宁书记的工作室从"蓝精灵"到"秦淮区班主任工作室"，辐射全市许多学校的德育工作；韦成旗主任、丁正梅校长、袁子意主任、何明涛主任、潘旭东老师、吴申全老师等许许多多的沙龙主持人，都已经在自己所在的区域发挥了一定的引领作用，甚至获评"南京市德育工作带头人"，走进"南京市德育中心组"；有些主持人，比如沈磊老师、顾青老师、胡昌琴老师等还在省市级、国家级班主任基本功大赛中接连取得优异的成绩，引得省内外同行纷纷和他们交流、向他们学习。所以，教育者的价值不仅仅体现在教育学生上，还应该体现在对自我的超越、对同行的引领上。如果仅仅教育学生，那么我们教育智慧的影响范围就太狭小了。我们要把自己的教育智慧编辑成册，出版发行；我们要"请进送出"，把自己的教育理念和省内外的诸多同行分享；我们要参与"互联网+"，把自己的教育课程制作成慕课，借教育信息化的大潮为教育改革鼓与呼……

"随园夜话"十年的发展历程，于我而言就是这样一个不断获得教育觉察的过程。

未来的十年，"随园夜话"会在哪里？会走向哪里？会处在当下教育的哪一个坐标点？

南京市金陵中学　尹湘江
2018 年 9 月 20 日

"随园夜话"中的教育觉察

南京师范大学教育科学学院班主任研究中心主任齐学红教授在2008年9月召集南京市一批班主任创办"随园夜话"班主任工作沙龙。十年来，本人和一批又一批南京市内外的基层班主任以及德育管理干部在沙龙的浓厚学术氛围下逐渐产生了自己的教育觉察。"随园夜话"与教育觉察相伴相生的现象，并不是说教育觉察必须在"随园夜话"沙龙中才可以诞生，而是说教育觉察借助"随园夜话"沙龙被"觉察"。"独学而无友，则孤陋而寡闻"，教育觉察正是在"随园夜话"沙龙这样一个场域中，通过出入于南京市内外班主任群体、学习者群体、管理者群体、研究者群体的综合群体，借助观照彼此互为的"镜子"，在不知不觉中渐次诞生。

"随园夜话"班主任沙龙是教育觉察的现场。这里发生的教育觉察是教育者的觉察、实践者的觉察、省思者的觉察，是在不同的教育思路碰撞整合中诞生的觉察。这一觉察源于教育现场，源于教育行为的在场，但是又必须依赖"随园夜话"沙龙这样的教育者与教育场域间离的现实形式，因为不借助一定的时空间离，教育的省思则无以开始和完成。"随园夜话"里的教育觉察对教师队伍的发展有着重要的启示意义。

站在"随园夜话"创办十周年的时间节点，回顾、反思这十年来走过的觉察之路，深觉此路有几个值得同行关注的要点，忝书于此，求教方家。

一、教育觉察之内涵审视

教育觉察的内涵就是这一概念所反映的事物的本质属性的总和。对教育行为的觉察、教育目的的觉察、教育方法的觉察构成"随园夜话"沙龙教育觉察的丰富内涵。

（一）教育行为的觉察：教育者的一切行为都应属于教育行为

对于教育现象，人们首先看到的是教育现场发生的种种源自教育者的行为。但是教育者发出的行为未必都是教育行为。在"随园夜话"沙龙里，教育行为不仅仅是等同于班会课上的教育行为，也不仅仅等同于班级活动里的教育行为，甚至连同德育课程中的教育行为都不足以表征其内涵。教育者的言行举止、所思所想，包括涉及运作教育活动的方式方法都应属于教育行为，换言之教育的内容和教育的形式在教育行为这一概念的观照下具有同等的教育效力、同等的教育价值。

（二）教育目的的觉察：教育者的一切目的都须围绕教育目的

教育目的在个人主义的视野里，是可以有教育目的与非教育目的之分的，但是在实际上，教育者主观上的非教育目的在现实效果上往往已经起到了教育的效果，所以教育者的一切目的都必须围绕教育目的。这是教育这一特殊的社会行为对教育者的质性要求。因为在教育对象那里，教育者的教育目的和非教育目的往往都不是诉诸语言的，而是诉诸体验、感受的。教育对象的感受如何往往不顺从教育者的主观意愿，而是由教育者教育行为的符号内涵和教育对象的心理感受两个方面混合形成的。有鉴于此，教育者须在实施教育行为之前，努力明确自己教育行为之目的，使自己的行为目的均围绕教育目的，以利于教育对象的感悟和体验，而不是偏离教育的方向。

（三）教育方法的觉察：教育者的一切方法都要从属教育方法

教育方法是指在一定的教育思想指导下形成的实现其教育思想的策略性途径。教育方法是教育的客观规律和原则的反映与具体体现，正确地运用各种教育方法，对提高教学质量、实现教育目的、完成教育任务具有重要的意义。"随园夜话"沙龙通过大量的实践案例展示了教育方法的多样性，以及教育方法与非教育方法的分野。比如以惩罚为目的的惩罚和以教育为目的的惩戒，从表面形式来看，二者差别不大，但是"以惩罚为目的的惩罚"其结果只是使对方感受到痛苦，并不能受到教育，而"以教育为目的的惩戒"是以"教育"为目标的，也是以受教育者感受到教益为评价标准的，所以"差之毫厘，谬以千里"，教育者的一切方法都要从属于教育方法。

二、教育觉察之主体审视

教育觉察作为一种行为，它和所有的行为一样，都必须先有一个行为主体，否则这一行为就无从发生。对教育觉察的行为主体进行审视，就是对"谁那里发生了教育的觉察"这一问题的思考。从"随园夜话"沙龙的现实来看，教育觉察的主体至少包含四类人群：教育研究者、教育实践者、教育学习者及教育管理者。

（一）教育研究者的教育觉察在"随园夜话"沙龙中得以改进

"改进"意味着改变旧有情况，使其有所进步。"随园夜话"沙龙自创办以来，参与研讨的主体一直包括教育研究者、教育实践者、教育学习者和教育管理者。教育研究者具体是指以齐学红教授为代表的群体，这一群体既包括南京师范大学教育科学学院班主任研究中心的现职教授群体（如朱曦教授、陈红燕副教授等）和部分热心班主任工作研究、中小学德育研究的退休教授（如我国班主任研究工作的泰斗班华教授），也包括南京市、上海市教育主管部门的德育研究工作者（如南京市教育科学研究所李亚娟博士、上海市徐汇区德研室张鲁川主任、北京市教育科学研究院耿申研究员等）、其他省（自治区、直辖市）高校的教育研究人员（如华东师范大学教育科学学院李家成教授、上海师范大学教育学院刘次林教授等），还包括一些教育报刊社的研究人员（如《班主任》杂志社赵福江社长、《江苏教育》朱从卫主编、《中小学班主任》姜珊编辑等）。上述群体所代表的教育研究者们在和中小学教育现场保持一定距离的状态下，对中小学教育的认识和现实之间客观地存在着差距。"随园夜话"沙龙里的中小学教育实践者均来自教育教学现场，其教育感受鲜活、真实而丰富，这使得"随园夜话"沙龙里的讨论从一开始就是理论与实践的直接交锋，所以"随园夜话"沙龙里产生的教育觉察从先天基因里就带着理论与实践有机结合的因素。这使得教育研究者的教育认识得以不断改变，不断向教育现场迈进。

（二）教育实践者的教育觉察在"随园夜话"沙龙中得以澄清

"随园夜话"里的教育实践者大都来自教育现场，其教育认识虽然鲜活、真实而丰富，但是因为实践者在理论上的客观欠缺，所以对教育行为背后的思维机制所知甚少，或者所知不精。"随园夜话"作为教育实践者与教育研究者共同的沙龙，大家在沙龙中都有自由发言的权利，所以教育实践者得以在这里把自己的教育认识和教育同行交流，和教育研究者交流。在这样的交流中，教育同行就仿佛另一个我，让教育实践者迅速地实现了自我认知的更新；加之教育研究者在沙龙现场的理性分析、高位引领，也让教育实践者在教育现场得来的教育觉察得以澄清。这种澄清不仅让教育实践者明确了自己在做什么，更让他们明白了自己实际上在做什么，自己采取某一教育行为的背后其实是自己的价值观、教育观、世界观等教育理念在发挥作用。

一个行为主体在不知所谓的状态下实施的行为也必然会达到一定的行为效果，但是一旦明确了自己的行为目标、行为方向、行为方式，这些行为主体的行为就必然迅速地避免了力量上、效果上的耗散。"随园夜话"沙龙里，教育实践者的教育觉察究其本质而言就是对自我教育行为的体认与澄清，在形成对自己教育行为的明确认知之后，"随园夜话"沙龙里教育实践者的教育实践就更具教育的味道了。近年来从"随园夜话"沙龙走出来的一批南京市优秀班主任在省及长三角地区班主任基本功大赛中的突出表现，就是这种教育觉察得以澄清的生动体现。

（三）教育学习者的教育觉察在"随园夜话"沙龙中得以萌发

"随园夜话"沙龙的现场还有一批教育学习者，他们以南京师范大学教科院的研究生为主，有时也包括部分本科生。教育学习者的日常学习均围绕教育理论而来，无法与教育实践紧密结合，其对教育的觉察也因此较多地停留在书本层面。"随园夜话"沙龙现场的教育实践者之间、教育实践者与教育研究者之间频繁发生的思想碰撞，使得一批又一批的教育学习者的教育觉察得以萌发。"随园夜话"沙龙80多期的研讨活动，有的在南京师范大学随园校区开展，有的在各基层学校开展，"随园夜话"沙龙的教育学习者们由此拥有了相比其他同专业学习者更为宽广的教育视野、更为深刻而丰富的教育认知。

从"随园夜话"沙龙走出来的教育学习者带着萌发于此的教育觉察，发表了以《班主任专业化的理论支持系统——班主任的理论从何而来》为代表的教育著述，在众多岗位上实践自己的教育觉察。这正是教育学习者新的学习路径、发展路径。有鉴于此，"随园夜话"沙龙的形式和它的内容一样都具有促进人发展的不竭动力。

（四）教育管理者的教育觉察在"随园夜话"沙龙中得以丰富

"随园夜话"沙龙现场还常常活跃着一支教育管理者队伍。教育管理者虽然并不都和学生发生直接的教育关系，但是也拥有在教育现场形成自己的教育认知的便利条件。教育管理者通常囿于其管理范围，导致其教育认识具有局限性。"随园夜话"沙龙的参与者以南京市中小学班主任为主，而且在区域分布上较为均衡。南京市直属校、鼓楼区、玄武区、建邺区、秦淮区、栖霞区、雨花区、江宁区、浦口区（江北新区）、六合区一直以来都有相对稳定的参与队伍，能够长期参加"随园夜话"沙龙。来自全国各地的班主任，比如镇江润州、江阴华士、苏州太仓、无锡石塘湾、山东青岛、湖北襄阳、河南郑州等地的班主任也不定期来现场参加活动，大家从基层来，发出基层的声音，这些都为教育管理者教育觉察的日渐丰富带来了便利条件。

原南京市第二十四中校长，现任沪江网合伙人、首席教育官吴虹女士是"随园夜话"沙龙的参创人之一，也是第一批以教育管理者身份出现在沙龙里的教育人。性格各异又能和谐相处的"随园夜话"教师团体给吴虹女士带来了丰富的教育觉察，也为吴虹女士加盟沪江网，设计"沪+"计划提供了参考的思路。南京航空航天大学附属初中的党委书记罗京宁老师是第二批加入"随园夜话"主持人队伍的教育管理者。罗老师的"蓝精灵"工作室本身就是"随园夜话"沙龙里教育思想的极佳源泉，同时"随园夜话"沙龙里的许多教育人也成为这个工作室的合作伙伴。这样一种融合成长式的全面合作关系使得教育管理者的教育觉察也因觉察对象的发展而丰富起来。南京市教育局的夏莹书记以及宣德处多任处长都曾经到"随园夜话"参与讨论，聆听基层班主任的心声，发现基层班主任的智慧。在南京市德育"十三五规划"编制过程中，"随园夜话"沙龙的多位主持人也参与其中，提出自己的合理化建议和意见。南京市班主任基本功大赛自开办以来，"随园夜话"沙龙倡导的体验式培训模式、赛训一体的学习模式也一直伴随着大赛的发展。

三、教育觉察之场域审视

（一）"随园夜话"沙龙立足南师随园，提供了教育觉察所需的教育距离

"随园夜话"沙龙立足历时的教育经验，提供了教育觉察所需的教育时间距离。

"觉察"就是"觉悟察知"。觉悟是指醒悟以往的困惑或过失。教育者在教育行为实施时，在教育事件发生时，往往"后知后觉"；即便有"先知先觉"者，但是在行为实施、事件发生之后，教育者的"知"已经不是先于行为实施、事件发生之前的"知"，而是建立在新经验、新感受基础上的新认识。先前的"知"就变成了"以往"的"知"，而这个由"先前""以往"到"如今"的过程就需要一个客观上的时间作为保障。"随园夜话"沙龙里的教育人从自己的教育现场来到南师随园，从时间上看必然与自己亲为的教育行为实施及自己亲历的教育事件发生产生距离。这样的距离未必让教育者的思

维得以澄清，但是却为这种澄清提供了一种可能的场域。

"随园夜话"沙龙立足共时的教育现场，提供了教育觉察所需的教育空间距离。

"觉察"之"察"，是观察、仔细看的意思。这样的"观察"与空间距离的相关性值得我们关注。这种相关并非单纯的正相关或者负相关，而是呈现出一种函数式相关：当空间距离适当时，观察最适当，效果最佳；当空间距离渐远或者渐近，观察效果逐渐降低，直至失效。

"随园夜话"沙龙自创办以来追求的就是和教育现场保持恰当的空间距离。"随园夜话"沙龙立足南师随园，但是又不止步于南师随园，经常在南师随园和全市各区的中小学之间行走。即便行走至某一具体教育现场时，沙龙里的研讨也不局限于此时此地，所以和我们讨论的"教育现场"仍保持了理想的教育空间距离。距离产生美，"随园夜话"沙龙恰到好处的教育空间距离也为教育觉察的诞生提供了场域。

"随园夜话"沙龙立足异质的思维碰撞，提供了教育觉察所需的教育心理距离。

心理距离这一社会心理学术语是指个体对另一个体或群体亲近、接纳或难以相处的主观感受程度。具体表现为在感情、态度和行为上的疏密程度，疏者心理距离远，密者心理距离近。美国印第安纳大学布鲁明顿分校的研究人员发现，对问题产生"心理距离"有助于提升创造力，让人们更宏观、更全面地考虑问题，从而使难题更有可能得到解决。对事物或问题产生"心理距离"，有助于人们把看似不相关的事情结合起来，从而激发大脑中的灵感，提升创造力。

"随园夜话"沙龙成员来自不同的教育时空，各成员之间带着从自己的教育现场择取的教育事件和教育思考，在沙龙现场，心理距离各不相同的教育人把这些"看似不相关"的事件放在一起比较，把这些"看似不相关"的思考放在一起碰撞，一些前人未曾发现的规律性的事物就在"随园夜话"沙龙诞生了。或许这些灵感和创造力并不能解决我们当下面临的所有问题，但是面向这些现实问题、真问题的勇气和努力是值得肯定和倡导的。

（二）"随园夜话"沙龙走进教育一线，捕捉了教育觉察所需的教育在场

在场主义教育认为，所有的教育均须在教育主体与客体在场的前提下展开。若非在场，教育者须尽可能全面地了解教育现场的具体情形及教育现状的成因与未来的可能走向。不具有在场意识的教育很可能就是伪教育。

一方面，开展于教育一线的"随园夜话"沙龙，直面教育觉察所需的教育在场。

"随园夜话"沙龙在许多情况下都在教育一线开展活动，活动之前还常常包括一堂班会课、一场教育活动、一次教育研讨等。这些只有在教育一线才能看到的质朴的教育活动令"随园夜话"沙龙直面教育觉察所需的教育在场，使得"随园夜话"沙龙的研讨牢牢扎根在教育一线的沃野之上。教育研讨如果仅仅止步于某一处远离教育一线的空间，那么即便研讨的参与者都来自教育一线，参与者对教育一线的描述或者说概括总是会对教育现场的情境作个性化的取舍与剪裁，甚至是美化。所以，把研讨放在教育一线，教育觉察所需的教育在场就自然而然地与"随园夜话"沙龙相伴相生了。

另一方面，开展于教育一线的"随园夜话"沙龙，捕捉了教育觉察所需的教育脉络。

我们对一事物的分析与认识固然要从一个点入手，认识一个切面，然后再推演开来去认识可视范围内的事物的整体，但是推演的过程往往建立在若干逻辑假设上，建立在以不完全假设为特征的方法论上，这样推演出来的结论往往因为立论基础的不完备而具有先天的缺陷。"随园夜话"沙龙开展于教育一线，可以直观地审视教育事件发生的时间点，也可以持续地关注教育事件发生的时间线，甚至可以铺展开去全面地了解教育事件发生的复杂原因，捕捉教育觉察所需的教育事件发生脉络。

（三）"随园夜话"沙龙组织教育论坛，创生了教育觉察所需的教育对话

"随园夜话"沙龙组织的教育论坛，可让教育研究者、教育实践者、教

育学习者和教育管理者在这里平等地享有沙龙的话语权，这使得沙龙自始至终充满着教育觉察所需的教育对话。

公益性原则是"随园夜话"沙龙平等对话的保障之一。

"公益"的本义是"公共利益"或"福利"，最初是指法学家在工作时，出于社会公共利益的需要，采取灵活变通的方法、原则，以求得更公正的结论或判决。"随园夜话"沙龙自诞生以来一直秉持公益性原则，除初期在极短的时间里曾尝试对核心成员收取少量的活动经费外，绝大多数时间里都由沙龙创办人齐学红教授独自承担沙龙的各项费用。这样一来，沙龙的所有参与者对沙龙的付出都只是思维层面的，而沙龙对大家在这里参加活动不存在任何物质利益上的所求。相反地，大家在这里都能获得利益，这个利益就是思维与教育理念的提升。

沙龙里所有成员的发言在学术视野里都有分析的价值，因为这些发言都反映了不同的人对教育的认识，以及这些认识的来源。大家借由彼此实现自我认识的更新，形成不断更新的自我认知。

等时性原则是"随园夜话"沙龙平等对话的保障之二。

"等时"是指在沙龙每一轮的互动环节，每一个参与者的发言时间都是相等的。这是一项原则，但不是一项硬性的规定。在这个等时性原则的倡导之下，沙龙参与者的发言时间本来可能长于约定时间的，大家为了时间上的平等，就逐步学习提炼概括的方法，使自己的语言变得简洁的同时，也让自己的思维得到淬炼和发展。当然，在沙龙发展的历史上也曾经遇到例外的情形。不过在例外情形发生时，无论发言者是谁，主持人都有提醒发言人注意时间的权利和义务，因为这是保障沙龙参与者地位平等的重要条件。

互动性原则是"随园夜话"沙龙平等对话的保障之三。

"互动性"里的"互"是交替、相互的意思，"动"是使起作用或变化的意思。归纳起来，"互动"是指一种相互使彼此发生作用或变化的过程。在"随园夜话"沙龙的视野里，互动是一种使参与者之间相互作用而彼此发生积极改变的过程。来到"随园夜话"沙龙的教育人都要参加现场互动环节，并为所在的小组就当下讨论的某一话题提供自己的真诚意见。"随园夜话"

沙龙在绝大多数情况下是以小组代表的形式发言的，这样的互动性就在一定程度上均衡了组间意见，弥合了组间差异，进而保障了沙龙的平等对话。

"随园夜话"班主任沙龙从十年前热心教育事业的小型工作经验交流式的聚会，走过十年的风风雨雨，发展到今天，成为一个研究教育思想、觉察教育理念的具有全国影响的反思型教育沙龙，这期间其觉察的内容是什么，为什么能诞生觉察，觉察的路径是什么，本文就是关于这些问题的浅见。

南京金陵中学　尹湘江
2018 年 10 月 28 日

体悟"随园夜话"的价值

2010年对于我来说，是一个重要的时间节点。之前，我在一所职业学校工作，从班主任成长为德育副校长的20年间，取得了从区级到国家级的一些德育成绩，并且时任全国职教师德建设与班主任工作委员会副主任，还为教育部草拟了职教德育文件……自认为还算是职教德育工作的"行家里手"。

2010年8月，我调到南京市第二十四中学担任学校党总支书记兼德育副校长，与吴虹校长搭班子。吴校长非常重视学校德育工作，从未见过哪位校长亲自参与设计学校的每项德育活动，比如每周的晨会、班会等。更让我自愧不如的是，她确实有"德育天赋"，她那么多精彩的创意来自哪里呢？

一、初识沙龙，自愧不如

不久，"随园夜话"班主任沙龙走进第二十四中学，由吴校长亲自主持。齐学红教授来了，《班主任》杂志社的赵福江社长从北京赶来了，沙龙核心成员们都来了。见到齐教授，我十分欣喜，又有点儿羞愧。在职业学校20年，见过不少教授，都是来举办讲座的，高高在上；没见过这样的大学教授，弯下腰来深入基层，不为名不为利，只为聆听一线老师的声音。我欣喜之余，想起了与齐教授相识的情景。

第一次见齐老师是在2004年，我在南京师范大学进行教育管理学硕士的论文答辩时，齐老师作为专家评委向我提问："你论文的研究假设是什么？"我当时就蒙了，真不懂什么是研究假设啊！课上什么时候讲过这个？

一时间,我满脸通红,羞愧难当,东拉西扯了几句,好在齐老师并未深究。宽容、和善是齐老师给我的第一印象。

再次见到齐老师是在 2008 年。我受教育部职成司德育处委托,起草《加强职业学校班主任工作意见》的文件。我请我的导师高谦明教授邀请班华教授、齐学红教授等为文件草稿提修改意见。整整一个下午,三位教授一一提出建设性意见,又耐心细致地向我阐明缘由。三位教授相互间非常尊重,高老师和齐老师对班华老师不仅非常尊重,而且非常推崇,希望将南师大班主任研究中心的研究成果能在文件中体现,让更多学校重视班主任工作,让更多班主任有更好的专业成长。我受益匪浅的同时,也深知自己其实只是一个"德育的小学生"!现在想来,三位教授惺惺相惜、彼此尊重和推崇,这也是 2008 年"随园夜话"班主任沙龙始创的基础之一吧。

飘远的思绪被沙龙热烈的研讨唤回到现场。看着济济一堂的讨论场景,我不禁感叹,每次沙龙都由这样博学、务实的教授去领航,我这个"德育的小学生"何愁不成长?

二、步入沙龙,再次启程

第一次参加"随园夜话"班主任沙龙后,我开始陆陆续续地参加沙龙活动。在吴校长的带领下,我们开始了体验式德育的研究和实践,开展了系列的体验式班会和家长会、学校体验式活动、社会体验式活动等,不断尝试和积累。每当有了新的收获,我们就邀请"随园夜话"班主任沙龙走进二十四中开展研讨,听取齐老师和同行们的意见。沙龙活动让我印象深刻,沙龙中的人更让我感动。

(一)齐学红老师:"随园夜话"班主任沙龙的创始人

2012 年的"五四"青年节,二十四中举行了体验式毕业典礼。这次学校体验式活动举办得非常成功,九年级学生感受到责任和使命,内心充满了力量;教学九年级的老师们也随学生走上红地毯,收获着教育的幸福;这些学生的家长也来现场观摩，甚至爷爷奶奶、外公外婆也赶来参加他们的毕业典礼。齐老师登台发表了热情洋溢的祝福，还为二十四中成为"南京师范大学班主任研究中心研究基地学校"授牌。一下午的暴晒，挡不住沙龙成员们的热情与执着。当夜幕降临时，"学校仪式教育"的沙龙研讨拉开序幕，一直持续到晚上近十点钟。齐老师和她的研究生们及各个学校的老师们还意犹未尽，久久没有离去。这次交往让我对齐老师更加钦佩。

另一次是由我主持的关于"学生日记"话题的沙龙。那天的沙龙也是在晚上，也是在二十四中。我们在不断改进"学生日记"实施方法后，取得了较好的效果。我们认为：学生日记是道德的长跑，是师生沟通、家校沟通的桥梁，是促进学生体验反思的载体，是提高写作能力的好办法。在沙龙总结时，齐老师却提出了质疑：日记属于个人隐私，学生是否愿意给他人看？用"学生日记"一词是否恰当？对于齐老师的意见，我一开始不以为然，认为"学生日记"也可以理解为"学生每日生活和心得的记录"，既然让学生每日上交给班主任看，学生自然不会写隐私。后来，我发现附近的一所学校也开展了类似的活动，他们巧妙地规避了"学生日记"这样的名称，称之为"爱的摆渡"。类似的事情还有很多，齐老师和沙龙成员们"治学严谨"的风范再一次深深影响了我。

（二）班华老师：慈祥和蔼的大师

其实，"随园夜话"中的许多教授都对我帮助很大，朱曦教授、陈红燕副教授都非常有学识，也非常平易近人，班华教授更是如此！我称班老师为"班花"老师，即"班主任之花"的意思。齐老师在"随园夜话"沙龙给班老师庆祝八十大寿之时，我作为活动策划者之一，才逐渐了解了班老师。

真正和班老师熟悉起来，是在班老师的夫人去世之后。暖心的齐老师嘱咐"随园夜话"的成员们每个月分批去看望班老师，趁聊天之机也方便向班老师求教。从此，我和尹湘江、吴申全老师一起去过班老师家几次。每次进门后，80多岁的班老师非常客气，先上小碟，装着湿手巾，每人一条，青翠的绿茶每人一杯，切水果、拿零食，这些一律都不让我们插手。每次去，班老师总要留我们吃饭。有一次确实推脱不过，就在小区外的菜馆里叨扰了一顿。班老师啥都可以吃，没有忌口，红酒、啤酒也可以喝上一小杯。餐后，老板怎么也不收我们的钱，因为班老师早就嘱咐过了。不论是餐馆老板，还是小区门卫，都和班老师很熟悉，一是班老师很谦和，二是来拜访班老师的人很多。

看着班老师家里的日历，每周都会有本地的、外地的朋友、老师、学生来做客。坐在大师的身旁，望着老人家慈祥的脸庞，听着熟悉的南京话，那种祥和、静怡，着实是不一般的享受。班华老师著作等身，他是"心育"概念的提出者和倡导者，还提出了"班主任是学生的精神关怀者""班主任是学生发展的重要他人""学生发展性评价""发展性班级教育系统"等观点和理论，深刻影响着中国德育。

近年来的沙龙活动，班老师几乎都参加，到学校吃盒饭，到南师大就吃点心，从不挑剔，更无怨言。认真听、仔细记，每次结束前都踊跃发言，话语中鼓励的多，满满的都是温暖。我开玩笑地说，班老师是"随园夜话"的"定海神针"。

不久前，班老师每天早晨五点多坚持在微信群里发德育、心育的书籍介绍，拍照片、发图文。他一早起来想着的就是"德育""心育"，我们一早看见的就是大师的指引。

（三）随园夜话核心成员：我的兄弟姐妹们

十年的"随园夜话"，举办了80多期班主任沙龙，这与沙龙核心成员一直坚守是密不可分的。身在沙龙，大家也获得了长足进步。"聚是一团火，散是满天星。"陈宇、郭文红老师获得南京市"斯霞奖"，潘月俊校长被评为南京市"心理名师"，尹湘江、顾霞、袁子意、吴申全、杨雪、何明涛、顾青等老师获得南京市"德育工作带头人"称号。沙龙核心成员韦成旗、潘旭东老师都屡有大作，让我们获益良多。

特别是南京市玄武区教科所原所长黎鹤龄一直坚持参加"随园夜话"沙龙活动，几乎是一次不落，退休后还坚持参加，他对德育工作的热爱和执着是我们学习的典范。

在沙龙中，我们"抱团取暖"，探讨德育的今天，展望德育的明天。在生活中，我们是彼此关心的兄弟姐妹。"德不孤，必有邻"，希望一辈子能与我的兄弟姐妹们一起成长，享受其中的幸福。

三、沙龙在发展，人在成长

"随园夜话"班主任沙龙今年十岁了，在举行"成长礼"之时，我也交上一份自己的"成长答卷"。

（一）我在成长

2010年，我初入沙龙。2013年，吴虹校长和我主编的《体验式班会设计》一书出版，全国首届体验式班会、家长会大赛也成功举办。2014—2015年，齐老师带领我们录制完成了江苏省班主任网络德育讲座、班主任培训课程视频。2016年3月，齐老师作为"创新班会课"丛书主编，我和吴杨老师担任《创新班会课（初中卷）》主编，该书由教育科学出版社出版发行。2016年9月，我被评为南京市首批"德育工作带头人"。2018年3月，齐老师率领我们（尹湘江、韦成旗、杨雪、袁子意、吴申全）完成中国大学慕课课程，并顺利在"中国大学慕课网""爱课程网"上线，第一期参与学习的人数近8000人，反响热烈。同年，罗京宁德育名师工作室成立，《体验式班会设计》增补版和《创新班会课（初中卷）》第二版印刷发行。2018年9月，《安全教育读本》由电子工业出版社出版发行。

（二）助力教师成长

1. 齐拓宇：获得"2017马云乡村教师奖"

2015年初，我们遵从习近平总书记"扶贫先扶智"的指示，响应南京市教育局、南京市教师志愿联盟的号召，在沪江网上成立了"蓝精灵"班主任工作室，成为全国首个公益性的班主任研修室，开始了"网络支教助学"的志愿服务行动。

这其中，网名为"蝴蝶追梦"的齐拓宇老师让我们印象深刻。能成为一名乡村教师，对齐拓宇来说是圆了自己的梦。做了教师后，她慢慢地发现，农村教育缺乏活力，农村学生在待人接物、适应社会、知识面等综合素质上与城里学生存在不小的差距。她默默发誓要改变现状。她在获奖感言中说道，2015年一次偶然的机会，她与网络课堂相识。名师在千里之外授课，学生们通过网络就可以看得到，这让她茅塞顿开。她用破旧的小手机上网，领着学生们参加了第一次网络课程"感恩节班会"。这节网络班会课，就是我在"蓝精灵"班主任工作室主讲的。

齐拓宇老师成为互联网时代的新教师，成为我们"蓝精灵"工作室的忠实粉丝。2016年5月初，"蓝精灵"工作室与沪江网联合开展"陪伴气球宝贝一天"的生命体验活动。很快，齐拓宇老师给我发来信息，说自己也想开展这个活动。作为公益爱心活动、教师志愿活动，我们尽己所能将实践过的活动方案、课件、音乐、实施要点等资料毫无保留、无偿地提供给齐拓宇老师，我们只有一个心愿："蝴蝶老师"能把爱的芬芳传到远方。

更让我敬佩的是，齐拓宇老师与孩子们一起开展了两次"陪伴气球宝贝一天"的活动，每次都是一整天怀揣着气球。作为一位母亲，她有孕育孩子的体验，与学生们一起体验一次也就足够了。但作为班主任的她，身体力行，用"蝴蝶老师"优美的行动诠释着传递爱的芬芳的深刻内涵。后来，中央电视台国际频道专门跟踪报道了齐拓宇老师的"陪伴气球宝贝一天"的活动。在下午活动临近尾声时，我作为"蓝精灵"班主任工作室的志愿服务者，通过网络与齐拓宇老师和她的孩子们连线，一起分享生命的感悟。

2018年1月，"心有光芒，必有远芳——2017马云乡村教师奖"颁奖典礼在海南三亚举行。河南省开封市兰考县谷营镇程庄小学乡村女教师齐拓宇就是其中一位获奖者。

获得"2017马云乡村教师奖"的老师中,还有一直听我们网络直播课的山东省淄博市桓台县荆家镇中心中学的王菲老师,她们都是"做擦亮星星的人,为孩子打开新世界"。

从2015年5月至2018年4月,我们为全国边远地区小规模农村学校开展德育公益讲座40余次,总时间超过80个小时,备课时间超过2000个小时,在线学习教师超过10000名,观看回放教师超过40000名。

作为"随园夜话"班主任沙龙的一员,我们愿意做沙龙文化的传播者,愿意做点灯人,用自己心中的光和热去点燃乡村教师的心灯。我们也愿意用自己的心灯,去给全国千千万万个"蝴蝶老师"注入能量,让她们挥舞着隐形的翅膀,传递着教育与爱的芬芳!

2. 曹春梅:获得2017年山东省优秀班主任称号

2017年3月,在青岛市教育局基教处组织的全市第一批30个名班主任工作室的培训会上,我分享了体验式班会设计与实践的经验。青岛十七中的曹春梅名班主任工作室的成员们对体验式班会产生了极大的兴趣,老师们还利用暑假不远千里来到南京继续学习。自此,曹春梅名班主任工作室的成员们以体验式班会为抓手,根据高中学生不同时期的表现和心理节奏,用仅仅一年的时间就开出几十堂体验式班会课,取得了良好的教育效果。

这种教育创新举措也深深地吸引了周边的教师。青岛十七中的班主任们积极参与工作室的"生命体验""土豆搭高塔""硬币突破"等班会活动,带给家长、学生以欣喜和启迪。在青岛城阳区第二届名班主任工作室成立大会上,主持人曹春梅老师作了经验介绍。更难得的是,来自安顺民族中学的老师们先后两次在青岛十七中进行班会课观摩,并与工作室成员交流。曹老师也远赴安顺、济南以及青岛其他地区介绍班会课经验,取得了很好的社会带动效应。

曹春梅老师是山东省优秀班主任、青岛市名班主任、诗人,从教22年写下60多万字的随笔,发表文章300多篇,著有《汇涓教学笔存——曹春梅高中写作指导地图》一书。曹老师所带高三班级一年内开设体验式班会课近20节，高考成绩明显提高，受到学校领导的赞许！该班李昇睿同学在青岛大学综招面试中取得满分！考后，他说："体验式班会像一个添加动力的加油站，每次都让我感到充满希望，还要努力。让我保持面对困难不放弃的心态，让我学会理智向上寻找方法，也密切了亲子关系……"曹春梅名班主任工作室所编纂的《高中体验式班会设计》一书即将出版发行。

3. 罗京宁德育名师工作室的老师们：不断拔节成长

罗京宁德育名师工作室成立未满一年，刘娟、笃闻鸣、陈小军、冯昌盛、韩霞、薛小琴等老师都已经在中国大学慕课课程"班主任沟通的艺术"中主讲了相应的内容。

刘娟老师作为《体验式班会设计》增补版的主编，亲自制作了近40张班会方案电子流程图；还参与编写《创新班会课（中职卷）》《创新班会课（初中卷）》，是中国大学慕课课程第二讲信息技术方面的总负责人。她主讲的"现代信息技术背景下班级教学管理实践"课程受到热捧！

笃闻鸣老师获评南京市秦淮区"德育工作带头人"，作为主讲嘉宾录制了班主任培训讲座（教育科学出版社），在《江苏教育》《金陵瞭望》杂志上发表多篇德育文章。

陈小军老师获评南京市"德育优秀青年教师"、南京市"德育工作带头人"，撰写的多篇德育论文在《班主任》《新班主任》杂志上发表。

所有的努力，都是为了助力孩子们更好地健康成长！2018年9月1日，准备上大学一年级的赵晓雨、冯文睿来看我，我教了她们两年的体育课，给她们开过几次班会课。我请她们写几句话作为留念。赵晓雨提笔写道："罗老师给我只有一次的初中生活增添了快乐，赋予它更多的意义。希望那些和我一样幸运的孩子，从罗老师的教诲中收获爱与感悟。"学生的肯定，是对老师最好的褒奖！

"随园夜话"班主任沙龙促进了我的成长——我好；我帮助老师和同学

们成长——你好；最终我们一起促使学校、家庭和社会形成教育合力——世界好。我想这就是对"随园夜话"班主任沙龙价值和意义的一种解读吧！

衷心祝愿"随园夜话"班主任沙龙十岁生日快乐！

闭上眼睛，请为未来十年许个愿吧！

南京航空航天大学附属初级中学　罗京宁
2018 年 9 月 3 日

"随园夜话"伴我成长

——相约夜话共语时

第一次听闻"随园夜话"是在班主任基本功大赛的培训过程中。记得那是个雨后的下午,大家聚集在一个活动课的教室里,两位主持人老师让学员们分成小组讨论后轮流上台展示各组的观点,起初感觉有点儿像"头脑风暴"的形式,后来才知道这是"随园夜话"常用的形式。随着培训的深入,多次从学员或者专家口中听到"随园夜话"这个词,不免对夜话产生了一种向往,希望能够有幸参加。

没想到缘分来得非常突然,也是一个工作日下午,突然接到"随园夜话"组织者的电话,想邀请我主持一次夜话。我的第一个念头是自己真的可以吗?那是一个班主任们学习交流的平台,有众多优秀的老师和专家坐在台下,我能够完成任务吗?虽然忐忑,但还是接下了这个任务。首先想到的主题是关于关注师生关系的,一提出就立刻被驳回了,因为这个主题实在太宽泛了,而且前面有许多期都做过类似的主题。于是,我想到了一个大家涉及较少的内容——班级活动的策划与记录。经过月余的准备,在前辈和教授的指导下,我带着名为"青春写手"的主题走上了夜话的讲台。台下或陌生或熟悉的面孔都带着温暖的笑容,从开场的"飞花令",大家就积极配合,妙语连珠,气氛顿时热烈起来。在接下来的讨论中,大家从理论和实践各个方面展现出深厚的积淀和敏捷的思维,尤其是久闻大名的班教授提出了班会策划中的审美这一价值取向,让在座教师醍醐灌顶。在互动环节中,每个小组都非常踊跃,无论是经验老到的前辈还是初出茅庐的新手班主任都全身心投入思考和展示中。而作为主持人的我感觉自己像是一滴水融入了百川,不由自主地追随着大家的步伐,激荡出一朵朵思维的浪花。两个小时很快就过去了,快得好像大家才打开话匣子就不得不关上。带着意犹未尽,又有老师带来了惊喜,原来这一期正好是"随园夜话"九周年的第70期,小小的蛋糕和蜡烛承载了祝福,也照亮了交流学习的路径。回家的路上,我还沉浸在夜话的氛围中,忍不住写下一首五言绝句作为此次夜话之行的题记:"随心聚有时,园幽芳草萋。夜来论九州,话中年华寄。"这次题记既是我与夜话结缘的开始,也是我在夜话中成长的第一步。

"随园夜话"里的同仁都是对教育怀有极大热情的教育工作者们,所以圈里从来不乏学习的机会和资料。每天一早,班老就热情地在微信群里向大家问好,热心推荐学习资料并解答大家的困惑和问题。他的睿智、乐观和博学每天都感染着大家,也督促着大伙儿全身心地投入到教育实践中去。在班老师和齐教授等前辈的指导和鼓励下,大家都充满了干劲儿和创造力,佳绩频传。有的成立了自己的工作室,有的把自己的教育理念编写成书,有的一直默默地为夜话的发展作出自己的贡献……

加入夜话的大家庭后,我感觉每一次活动都有丰厚的收获。齐教授总是用春风化雨的方式引领着大家探索的方向。比如她提出的探索带班模式的想法就给大家带来了许多启发,许多老师作了有益的探索。袁老师从美化班级环境入手,提出一种突出美育的带班模式。我也跃跃欲试,主动请缨主持一次围绕带班模式的夜话活动。金秋十月的一个晚上,各位同仁们聚集在南京外国语学校的多功能厅,一起学习分析了魏书生、李镇西等著名班主任的带班理念,并试图解答为什么他们会选择一些特有的带班方式。接着,大家从学校、学生、自身优势等方面探讨如何根据班主任个体不同的情况建立起具有自身特色的带班模式。这次我首次尝试了用微信形式在夜话活动之前收集大家对带班模式问题的解答,还尝试了走近学生,让学生来谈论他们眼中的带班模式。在夜话中,我拥有了不断尝试新事物的机会和勇气,也看到了班主任工作更加丰富多彩的可能性。之所以如此,是因为各位同仁总是能带来新鲜的事例和方法,带来先进的理念和经验。反观自身,原来的我在班主任工作方面虽然尽心尽责，但对班主任工作没有那么深刻的理解，也没有通过交流的方式与大家分享，互相学习，长此以往，只能是故步自封、墨守成规。夜话的平台让我发现了自己依旧存在无限的可能性，班主任工作也可以富有创造力，这才有了之后一次又一次突破自己的表现。

有人说教育的本质是交流，此话不假，夜话正是为大家提供了一个交流的平台。在这里，你可以充分表达自己的观点，可以质疑别人的意见，也可以聆听专家前辈的指导。在这里，志同道合的伙伴们一起发现问题，讨论问题，解决问题。在这里，没有年龄、学校和学科的界限，只有求真、求善、求美的沃土。

对我个人而言，其实夜话还具有另一层温情的含义。与夜话结缘的第二天，我就发现自己有了宝宝，这让我意外又惊喜。在孕育宝宝的过程中，我不仅收获了同仁们的关心和帮助，还在不断消化夜话带给我的精神食粮。在和同仁们交流的过程中，我感受到了自己的成长，这与宝宝在一天天长大的感受一样，令人欣喜感动。这时我突然非常想作一些新的尝试，把多年沉淀的思考和实践结合起来，探究一种模式或者说风格存在的可能性。感谢夜话给了我又一次主持和交流的机会。那个美好的夜晚虽然短暂但是难忘，有同仁们的真知灼见，有专家们的精彩点评，还有视频里学生们对班主任的真情流露。所有这些都成为回忆中珍贵的一页，一位妈妈的思想与腹中宝宝一样，不断成长着、吸纳着、升华着。

宝宝出生后，我又继续投入"随园夜话"中，畅快地沉浸在学习和交流中。我常常在想，如果没有夜话，我只是一位普普通通的班主任；有了夜话，我也还是一位普普通通的班主任，只是多了使命感和责任感，希望能用自己的绵薄之力让"随园夜话"班主任沙龙内外的同仁们能够自由对话，互相促进。班主任们是教师中特殊的群体，承担重任，难免有压力和困惑，如果我们都能携起手来，发挥团队的力量，那么棘手的问题也有了研究讨论的出口，我们时而惶恐的心也得以平静。古人说夜半私语时，我们则是相约夜话共语时，岂不美哉？

南京外国语学校　顾青
2018 年 10 月 1 日

一位职校班主任的成长历程

我是一位普通的职校教师,是一位平凡的职校班主任。今年是我成为一名教师的第 16 个年头,教师这个职位很平凡,因为它日复一日,教学授课。可教师这个职位也很非凡,因为它塑造灵魂,影响生命。回想起 15 年前,我还是个初出茅庐的小丫头,兴奋于终于实现了儿时当老师的梦想,一腔热血想要带领我的学生拥抱最美好的未来,而如今我已成为新教师口中的"前辈",我想我坚守了自己的初心。我很喜欢小说家阿瑟·克拉克说的一句话:"我好像从未长大,但我从未停止过成长!"15 年来,我带过五届不同的班级,我想现在的我和当初的我是不一样了,年轻的我迫切直率地希望自己的学生优秀奋进,却有时不得要领,总和学生"两败俱伤"。如今时光荏苒,15 年的德育经验让我学会了因材施教地对待每一位学生,也学会了宽容和尊重每一段历程。我想我和当初的自己还是一样的,因为我的初心未变,仍然还守护着赤子之心——那就是做一个真正的好老师。

我是一个喜欢仪式感的人,喜欢把生命中重要的时刻记录和珍藏下来,让我想要回忆过去时可以有凭证使自己身临其境、热泪盈眶。到目前为止,我的教师生涯里有着四棵树,我想好好说说我和这四棵树的关系,因为这四棵树里收藏着我和学生的故事。

一、树

2003 年的 9 月 10 日,那是我做老师的第一个教师节。为了激励自己好好当老师,我在学校里种下了一棵法青树。法青树常青且易活,我告诉自己，平凡坚忍最为珍贵，以此激励自己，亦想鼓舞学生。然而因为学校布局建设，种下第一棵树的地方现在成了学校超市；2009年9月10日种下第二棵法青树的地方成为学校电力管理站；2012年9月10日在图书馆门前种下的第三棵法青树则夭折于阴暗的种植环境。我喟叹我的三棵法青树多舛的命运，可是无论做人也好，教育也罢，哪有即刻的成功呢，我更想要的是历久弥新的芬芳。2016年9月10日，我怀着感恩和祈愿之心种下了第四棵树，它是一棵桂花树，可是种在哪里呢？我小心翼翼地给当时的杜校长打了电话，说明原因，哪知杜校长非常支持，一定要给选个好地方，他建议种在庭院里，现在果真如他所料，长得非常好！在莫愁，已经有两棵相当大的桂花树了，花开的季节，满园桂花香，这两棵桂花树是一位退休多年的老教师捐赠给学校的。五年前，我还有幸和这位老教师一起吃晚餐！我仰慕这位老教师的教育风骨，在教育这条路上，虽然我已走过15年，但自觉仍是新人。教育之事，只有更好，哪有极致呢？如果说种法青树是为了让自己更好地当老师的话，那么种桂花树意在影响，桂花的芬芳，沁人心脾，用生命影响生命。

无论是消失了的法青树，还是现在繁茂的桂花树，这15年，我的所有学生都见证了树的成长，树也陪伴着我们师生成长！比如每年的感恩节，学生们都会到树下许愿，树承载着每个学生的心愿，学生一直在为愿望而努力奋斗！树上的叶子也是给学生最好的礼物，有时叶子是新学期第一天的见面礼，有时叶子是对学生获奖时的奖励，有时叶子是对后进学生的肯定，有时叶子是学生送给家长的节日祝福！很多学生即使毕业多年，回到莫愁，除了看望老师，还要看望树，学生对树有一份特殊的情感！

二、人

"如何让你遇见我／在我最美丽的时刻／／为这／我已在佛前求了五百年／求佛让我们结一段尘缘／佛于是把我化作一棵树／长在你必经的路旁／／阳光下／慎重地开满了花／朵朵都是我前世的盼望／当你走近／请你细听／那颤抖

的叶 / 是我等待的热情 // 而当你终于无视地走过 / 在你身后落了一地的 / 朋友啊 / 那不是花瓣 / 那是我凋零的心"。

我一直喜欢的席慕蓉的这首《一棵开花的树》，没想到它竟然成了我初为教师的真实写照！

我用种树的方式表达我对教师职业的喜欢，我以满腔的热情投入教师工作中，我认为我对学生全力以赴！事实是，2003—2005年，我当了两年班主任后，一些学生公然在网上辱骂我，我竟然成了一些学生心中最坏的老师，百思不得其解！当时同事告诉我，我太高估学生了，不了解自己的教育对象——职校学生！这群孩子是饱受诟病的"差生"，他们恣意张扬，可作为老师我明白，他们也是青春期最为单纯、迷茫的孩子，更加需要关怀和理解，现在是触碰到他们坚硬的"防护壳"了。

植树尚且不易，何况育人。但是我知道，这只是一个过程，树有枯有荣，会经历风雨，但是只要栽树人的初心不变，煎熬过漫长的扎根期，树枝一定能张开枝丫，舒展开嫩芽，茁壮成长。育人也是一个漫长的过程，真正走进学生心里，又何尝会害怕他们不拿真心与你相拥？我开始反思，并决定好好学习如何当职校班主任。

2006年，我以优秀的成绩考入南京师范大学教育管理专业。四年的学习，让我收获很大，其中最为重要的一点，是遇见了我的导师齐学红教授！她把我从一个起初对教育硕士论文一无所知、没有任何专业理论知识的无知者培养成为有问题意识、爱思考、想钻研的进步者；她把我从一个只会写简单故事的记录者培养成为能叙事的研究者；她把我从一个在职校里只是忙于做事的管理者培养成为能够用心思考如何育人的教育者；她把我从一个害怕做教育研究的自卑者培养成愿意尝试教育研究的积极者……虽然我在教育研究的很多方面还是未知者，虽然我对教育研究的领悟力较差，虽然……可在论文写作的过程中，与自己以前的基础相比，我已经有了很大进步和收获。这个过程，无论当时还是现在想来，都和齐教授的教导息息相关，没有她一步步耐心又严格的引导，我不可能完成论文，更不可能有优秀的成绩！人生遇到良师已实属不易，而齐老师学术上的细致严谨，生活中的温润良善，是我一生的良师益友，感恩遇见。

遇见是一切美好的开始！"蒹葭苍苍，白露为霜。所谓伊人，在水一方"，这是撩动心弦的遇见；"这位妹妹，我曾见过的"，这是宝玉和黛玉之间欢喜的初次遇见；"幸会，今晚你好吗"，这是罗马假日里安妮公主糊里糊涂的遇见；"遇到你之前，我没想过结婚，遇到你之后，我结婚没想过和别人"，这是钱钟书和杨绛之间决定一生的遇见！

我是个相信缘分的人，对于教育研究的志趣相投让一群人相聚在一起，人生得一知已是难得，而我有幸在"随园夜话"沙龙中遇见了这么多良师益友！

十年，在"随园夜话"班主任沙龙里，他们不是班主任，却围绕在班主任沙龙的周围。每一次沙龙，他们早早地来，排列桌子、准备多媒体设备、摆水果、架好摄像机、倒茶水等。过程中，他们拍照、摄像，总是收拾整理好教室最后走，这些都是常来沙龙的人能看到或感受到的；看不到的是，沙龙结束后，他们将沙龙录音整理成文字稿，一字一句，这背后得付出多少！十年，齐学红教授的一届又一届的研究生们默默为沙龙付出，很多已经毕业，沙龙永远不会忘记他们！

十年，一批一线骨干班主任、校长主持沙龙，热爱沙龙，坚守沙龙。这里有会讲故事的知名班主任郭文红老师，这里有把沙龙作为自己生命一部分来热爱的袁子意老师，这里有金牌主持尹湘江老师，这里有为了参加沙龙买车、在仙林和随园来回跑的韦成旗老师，这里有爱动脑筋、充满灵气的杨学老师，这里有沙龙联系人之一的潘旭东老师，这里有把微电影作为班级特色管理的陈斌老师，这里有沙龙网络联系人刘娟老师，这里有从第一次参加沙龙就坚持到现在的、热爱学习的吴扣群老师！

十年，有这样一些校长、德育研究员，他们不仅组织带领学校老师一起参加沙龙，自己还在百忙之中挤时间主持沙龙。这里有给沙龙带来无限生机与活力的吴虹校长，这里有集活跃、严谨、周到、成熟于一身的罗京宁书记，这里有情商与智商都高的丁正梅校长，这里有工作相当投入的何明涛校长，这里有踏实、善于思考的陈宁校长，这里有超级会讲故事、坚持办有温度的学校的李建华校长,这里有感悟教育是大爱、润物细无声的王蓉校长,这里有勤奋实干的顾霞校长,这里有心理学专家潘月俊主任,这里有做事大气、做人坦诚的教研员姜书勤主任,这里有多年来镇江、南京来回跑的教研员华莉主任,这里有思想活跃、勇于创新的马菊华主任,这里有年轻有为的教研员刁亚军主任!

十年,专家团队引领沙龙。这里有博学、谦虚、有亲和力的朱曦教授,这里有发型多样、穿着旗袍、生活化、集教育理论与实践于一身的李亚娟博士,这里有知性智慧的陈红燕博士,这里有全程参与每一期沙龙、见证沙龙成长的黎鹤龄主任。十年沙龙,他今年73岁!这里还有80多岁高龄、多次参加班主任沙龙、超级谦虚、很有童心的班华教授!

十年,沙龙的发起者齐学红教授一直在这里!没有语言能表达她对沙龙无私的付出与投入的情感!十年,她一直陪伴沙龙成长,即使在美国做访问学者期间也坚持网上参加沙龙;十年,她一直引领沙龙前进,每年主持沙龙年度策划;她学识丰厚,家里的客厅像图书馆,难怪她出口成章,时常启发人;她气度非凡,无论人多人少,人来人往,来与不来,她都在那里,永远以真挚的微笑欢迎每一个回"家"的人;丰富的安静与安静的丰富,是我对她在沙龙中的印象!她的人品、学识、素养,这些内在让她的外在更丰富!丰富的沙龙活动启发人,引领人安静地思考,安静过后,继续启发人进行丰富的教育实践,然后带着丰富又安静的气质真正地走进自己、走进沙龙、走进学生!

遇见是一切美好的开始!2008年,齐教授第一次带我走进沙龙,到现在整整十年,开启了我学习的另一扇门!齐教授把我从一个班主任沙龙的旁观者、参与者培养成为班主任沙龙的自由者、自省者、自觉者。这个过程,细细想来,看似水到渠成,却饱含着她对我无声无痕的教育,就像《你的眼神》那首歌中所唱:"像一阵细雨洒落我心底,那感觉如此神秘。我不禁抬起头看着你,而你并不露痕迹。虽然不言不语叫人难忘记。那是你的眼神明亮又美丽……"

三、树人

人生中最美的珍藏，正是那些往日时光。在"随园夜话"的十年光阴，我的收获又岂是语言可以言尽？除了遇见的那些人对我的影响巨大之外，沙龙本身及其理念对我影响极深！沙龙是一群出于对教育的热爱、为了共同的教育信念、来自不同文化背景的班主任走到一起的聚会，他们是教育理论和实践之间最美的桥梁，他们是一群虽在现实教育枷锁中苦苦挣扎却依然对教育持有坚定而又美好信念的人，这里是真教育的碰撞！我眼里的沙龙是自由的、开放的，"随园夜话"让我从内心深处越来越热爱班主任工作，让我自觉、努力地实践并不断思考如何更好地做好班主任工作，如何更好地陪伴学生成长。我在不知不觉中，把沙龙传递给我的精神——自由、自省、自觉，融入日常教育生活中。我想给大家讲两个故事。

第一个故事是关于学生作弊的。快期中考试了，学校统一组织对学生进行诚信教育，我也认真地给学生做了思想工作。这是他们入校以来第一次参加期中考试，学生们也异口同声地表示要维护做人最基本的诚信品质。然而，事与愿违，我们班有五个学生作弊！我该如何与作弊的学生沟通呢？

有教育专家说过：当你还没有准备好如何教育学生时，请别随意地教育学生。更何况这件事情关系到对一个人重要品质的教育，更需要一种艺术的教育方式。

周末，静下心来，想着那几个学生的样子，想着监考老师说交给我处理时信任的目光，想着如何让"诚信"扎根于学生心底。是的，每次考试，总有或多或少的学生要作弊，有些当场被抓，有些则暗里逃过。一些学生总是有各种"技巧"迎接考试。

思来想去，我起初准备下周一这样做：首先，早晨直接把犯错误的学生送到学生处接受应有的惩罚，给他们一个教训，警示班上其他学生，看看他们还敢不敢触犯高压线！其次，中午找他们单独谈话，狠狠地批评，看看他们要不要面子！接着，开班会点名批评犯错学生，并让他们做检讨，让他们丢尽面子，并以此好好地教育其他学生，看看他们要不要尊严！最后，晚上与犯错学生的家长面对面！现在就立即打电话预约家长！做事居然连累辛苦培养他们的父母，看看他们还有没有良心！

我琢磨着惩罚措施，又一一否定了它们。四种措施都可行，却不适合这个班的学生。这些学生特别好强，极其要面子，自尊心重，寄宿不常回家的他们更加孝敬父母，情感丰富，心怀感恩。我应该根据学生特点，选择合适的教育方式，也许宽容教育更能激发他们进步！

上午，我仔细阅读了学生写的周记，那五个学生不出所料对自己的所作所为进行了详细描述和深刻反思，万分后悔，对因个人原因影响集体荣誉感到非常抱歉。

中午，我分别找了那五个学生单独沟通交流，地点选在无人的、安静的、有阳光的走廊上！我带着微笑，和学生一起面对阳光。我请学生看看阳光，我自然地说出："没有阳光的日子是痛苦的！没有阳光的心灵是可怕的！"学生已泪流满面。

我拿出纸巾递给学生，真诚地问："这样做，对吗？"学生毫不犹豫地直摇头。

我追问："明明知道不对，为什么还要这样做？很显然，你不是一时冲动，字条是早已准备好的！也就是想好有'机会'就看的！"

学生低着头，支支吾吾地说出了自己作弊的缘由：第一次接触专业考试，不适应；题目有些难，没充分准备；想考高分，拿奖学金，为自己、为父母、为班级争光；有侥幸心理，老师可能看不到；看到有同学在做"小动作"，心理不平衡……

我早就想过，学生会有各种理由和借口。于是，我请学生抬起头，看着我的眼睛，此时在我的眼中充盈的不是指责与鄙夷，而是关心与帮助，是真诚与善意！我继续问他们："有这样那样的原因就可以那样做吗？如果没被抓到，会心安理得地得到那成绩吗？真觉得那成绩是自己的吗？就没有一点愧疚、讨厌？"

学生低声说："没想过那么多，考试作弊是正常的事情，会怀有侥幸心理，如果成功了，会很开心，不会过多追问成绩是怎么得来的，更多关注的是得了多少分！"

对他们能真诚地讲出心里话，我倍感欣慰，因为这意味着这些学生是懂得老师对他们的善意和真诚的。我继续说："现在你想想，是诚信、尊严、骨气重要，还是分数重要？给你100分又能怎样，不是你自己真正得来的，这样的分数你能要吗？"学生摇头。

我轻声问："现在后悔吗？"

学生点头说："很后悔，以前觉得作弊成功了，很得意，没想过太多成绩背后的意义。"

我表情有些为难地自言自语地问："那现在怎么办呢？"

学生抬起头，看着我，又是疑惑又是愧疚，那表情明明在说：您是老师，您还不知道怎么办？同时也因自己犯了错，让老师为难感到不好意思。

顿了一会儿，学生说："我承认错误，也相信老师，听从老师处置！"

我请他们再次仰望阳光，告诉他们，"勇于面对错误，承认错误，不犯同样的错误，不在同一处跌倒，你依然有阳光之心！"

我让他们用手摸着胸口，学生认真地做着，感受因犯错误未受惩罚而感到不安。选择惩罚的方式：一是请家长、接受学校处分；二是本科目扣20分，按不及格处理。

学生呈现出很意外的表情，没想到我会让他们选择。结果，他们都选择第二种。意料之内！

我伸出手，深情真挚地对学生说："如果你想拥有阳光的心理，你绝对不会在同一处摔倒，你会加倍努力去弥补一时的冲动……老师的手在这里等你！一分钟思考！"学生此时泣不成声，咬着嘴唇，目光坚定，毫不犹豫地握住了我的手。我们师生就看着这两只悬在半空中的手，在阳光的照耀下异常美丽！

阳光下的谈话结束了，我想让学生发自内心地阳光与自觉，以后考试不再作弊！事实确实如此，在接下来的考试中，学生再也没有作弊！自然的阳光、心灵的阳光、艺术的阳光照耀在我们师生心头！

有人说，班主任批评时要有"四两拨千斤"的沟通效果：学生犯了错，看似最需要批评甚至发火的时候，偏不按常理出牌。出其不意，攻其不备，你设防我不理，以艺术的方式婉转表达批评之意，看似信手拈来，全不费功夫，实则暗藏班主任的大爱和大智慧。

面对学生作弊这样的事件，我摒弃了传统的那种一味批评处分、不给学生诉求和沟通机会的强硬方式，抛弃以往对于学生"居高临下"的师生相处模式，而采用较为温和的手段与作弊学生沟通，让学生了解作弊的利害。我选择单独聊天的方式，选择无人的、有阳光的走廊这样的地点，给予了作弊学生个体严厉却又不过激的批评，让他们认识到自身的错误，发自内心地正视错误并加以改正。这既呵护了青春期学生的自尊心，又巧妙地激发了班主任德育的契机。我既与学生进行了平等的沟通，也没有"姑息"作弊这样的恶性事件，而是让作弊学生信服地接受了惩罚并激励全班学生树立正确的道德观。我想我恰到好处地运用了代表"糖和鞭子"的表扬和批评。

第二个故事发生在2017年8月31日。在2007届连锁班学生坤和班长的结婚典礼上，我看到他俩用亲吻的方式表达爱意。当时我是证婚人，现场我被他俩紧紧拥抱，这个拥抱含义太深！

2008年的某一天下午六点多，我不记得因为什么事而没有准时下班，记得的是我去洗手间的时候，看到了学生坤和班长在洗手间楼梯口的窗户边搂搂抱抱，那一刻，我不知所措。为了不让学生发现我，我本能地蹲了一下，然后紧张地逃进了洗手间。一方面，我心里是自责的，是我平时工作不仔细，对这两个人的情况一点也没看出来，学生坤那时候太平凡，而班长各方面的表现都很出色，我很难将这两个人联系到一起；另一方面，我佩服他俩平时在班上分寸把握得"真合适"！那么，我怎么从洗手间出来呢？急中生智，我善用地理位置，不从原路返回办公室，而是向相反方向的长长的走廊慢慢走去，只留下我的背影和无声的脚步，也留给我们师生共同思考的空间。我在思考，事情发生时，我瞬间选择"无声的脚步"，那么接下来，我该如何长久规划呢？对于学生坤，我只字未提那天的事儿，过了几天，我单独找他，还没开口，他低下头，一只手搓着裤边，一只脚在地面上蹭，小声说："老班，你都看见了？"我假装吃了一惊："啊？你知道我为什么找你？哎，声音这么低，我都听不到，我在考虑是不是要推荐你当颁奖典礼主持人呢？"我还记得他那惊讶、不敢置信、意外又高兴的表情。此后的一段日子里，我们师生一起练习上下台、说台词、如何临场应变。无数次的练习之后，当企业老总、学校校长、任课老师尤其是学生们看到他在台上那夺目的表现、那得体的服装、那饱满的精神状态、那比较标准的普通话、那流畅的主持、那灵活的控场时，报以热烈的掌声！我选择"忽略"搂搂抱抱这件本该批评教育的事情，不断地创造机会，培养原来我认为一般般的坤，虽然这个过程也确实辛苦，但是坤一直在进步、成长（毕业工作几年后，他成为北京某门店店长、深圳某区区长，一直和我保持联系，时不时地发信息告诉我三年职校生活、班级育人理念对他的深刻影响）！对于各方面表现出色的班长，我观察到她更加努力学习、工作。我看似只字不提，却在不停地思考如何积极引导青春期的男女生交往，最终决定组织、策划各种活动，让男生女生参与其中，在活动中体悟如何正面积极交往。比如一起过各种传统节日、看电影、开主题班会、参观企业、到门店见习、研学旅游等。此后，我再也没有遇见过类似事件，我相信他们会妥善处理那份情感！就像马卡连柯说的那样，信任可以培养学生的诚信！

　　我当时以为我的教育是无声的、无痕的、低调的，没想到学生们感悟到了我的用心，看似无痕却有痕！那种尊重、理解、宽容学生的无声脚步，那种引导、启发、帮助学生的各种活动，那种平等、友爱、亦师亦友的师生关系，那种突发状况下选择宽容的教育方式，那些日常管理中耐心无痕的教育行为，尽收学生眼底！

　　2017年8月31日，坤和班长结婚的日子，这段本该"扼杀"的感情最终修成了正果。那天也恰好是我们师生遇见的十周年，我无比自豪，经过岁月的考验，学生的情感从青涩走向成熟！看着他俩幸福的脸庞，我由衷地为他们开心。

四、尾声

悄然回首自己的 15 年班主任生涯,我知道自己还有很长的道路要去"披荆斩棘"。"十年树木,百年树人"这句话耳熟能详,可是只有亲历者才能更发觉其中的深味。我的四棵小树,生生死死,最终舒展枝丫茁壮成长;我所教的职校生,他们是在悬崖边缘行走的孩子,需要的是加倍的耐心和呵护。我经历过学生的不理解,可是就像树木需要花费长久的时间来扎根,我毫无保留地来爱护和教育这些孩子,在时间的检验下也终得成全。十年来,我又何尝不像一棵小树,得到了"随园夜话"这么多良师益友的叮咛嘱托,从而得以茁壮和坚强。感恩每一次相遇,感谢"随园夜话"伴我成长!

南京市莫愁中等专业学校　吴申全

2018 年 10 月 8 日

我要回来了，你在等我吗

已经好久没有回到那里，那个充满智慧、欢笑、温情的幸福大家庭——"随园夜话"班主任沙龙。那是心底一方诗意、柔软的存在，那里住着一群浓情蜜意的亲人：最早领我进门的慈祥的黎鹤龄主任，睿智博学、和蔼可亲的齐学红教授，永远激情四射、魅力十足的吴申全妹妹，还有一群既能相互支持又能激烈交锋的兄弟姐妹们……一张张熟悉的脸庞从眼前掠过，竟引得自己不自觉的泪眼婆娑。

或许是离别得太久，回望那一方热土，竟生出一种胆怯，我还回得去吗？尽管我知道，伙伴们会张开双臂欢迎我，但我却深感愧疚：对不起，我离开得太久！静下心来，推开记忆之门，过往的一幕幕便在眼前徐徐展开……

一、初次相识

初次相识是在 2011 年 11 月 1 日的第 29 期"随园夜话"班主任沙龙，那一期的主题是"科学与教育"。我当时是学校小学部的大队辅导员，在学校组织中队辅导员们（班主任）轰轰烈烈地开展少科院活动。黎主任推荐我将组织活动的经验在沙龙上与老师们分享。我发现大家对这样的活动特别感兴趣，热烈地讨论着，也争辩着。印象最深的是身边那位身材魁梧、脑门铮亮的光头老师主动发言，尽管不记得他站起来具体讲了些什么，但却清晰地记得他言辞犀利、观点独到，甚至与他人还有点儿针锋相对的意味（后来我才知道，他就是沙龙名人袁子意）。我发现，沙龙原来可以这么自由，这么宽容，这么坦诚，真是太好玩了！于是，我知道，下次我还会来！

二、相依相偎

接下来的每个月，都会有那么一天，下班后来不及吃饭，挤上公交，坐上地铁，经过一个多小时的路程，去南师大、仙林外校、金陵中学、二十四中、芳草园小学……听朱曦教授漫谈班主任的情感能力，听吴虹校长侃侃而谈仪式感的重要，听罗京宁书记陈述体验式班会的意义，听尹湘江老师描绘公开班会的精彩，听郭文红老师讲述她与自闭症学生的动人故事，听吴申全老师饱含深情、激情飞扬的演讲，听齐学红教授每一次精准、精彩、精炼的总结，听班华教授思维清晰、充满理性的点评，听来自四面八方同道中人热情、中肯的发言……

沉浸其中，我抛却了最初的胆怯，勇敢地发言，在交流中找到归属，在认同中找到自信。慢慢地，我也成了沙龙中经常出现的"老人"。2013年3月12日第40期沙龙"榜样的力量——从学雷锋说起"，我作为沙龙发言嘉宾在台前与老师们分享个人的看法，一下子感觉自己似乎成了沙龙的主人。

三、收获成长

2014年4月15日，我将沙龙邀请到南师附中江宁分校，承办了第47期沙龙活动，主题为"辩论式班会"，建议小学、中学可以采用小课题答辩和辩论的方式呈现与众不同的班会课。我也第一次主持了"随园夜话"沙龙活动。那天的会场在学校的圆形报告厅，参加的老师有近百人，我丝毫没有胆怯，两年多的沙龙经历让我对活动的组织充满信心。活动最终圆满结束，也得到了齐教授和班教授的肯定，我感觉到自己与"随园夜话"的心更近了，我的归属感也更强了。

突然有一天接到吴申全老师的电话，邀请我参与齐教授"班主任工作十日谈"系列丛书的编写，并与她合编《班主任工作十日谈：走进学生》一书。除了惊喜还是惊喜，我立即应允了。之后，齐教授多次指导，伙伴们相互帮助，从编目录、列框架、征集文稿、编写整理、排版校对到最终出版，我体味到了编书的不易，也体味到付出后收获的喜悦，《走进学生》于2015年正式出版。继《走进学生》后，在齐教授一次次的指导与同伴的支持下，我又与同事何明涛老师合编了《创新班会课（小学卷）》，并于2016年顺利出版，如今它成了许多班主任老师的班会指导用书。

因为有了在沙龙的学习与历练，2015年我通过了江宁区德育教研室的层层考核，顺利评上江宁区第三届"德育带头人"。

或许这些都是我在"随园夜话"看得见的收获与成长，而实际上她带给我的远不止这些。

四、专家的心胸与睿智

沙龙的当家人齐学红教授永远都像姐姐般温婉、亲切，让人没有丝毫的距离感。她的点评温和而智慧，每次一下便抓住沙龙的精髓。她像是灵巧的雕刻家，原本略显粗糙的沙龙经过她的点评转眼便成为熠熠生辉的艺术品。

年事已高的班华教授，无数次走进沙龙，将自己的研究成果无私地分享给所有人。

热情真挚的黎鹤龄主任，也是我来到南京从事德育工作、开展少科院活动的领路人。他是沙龙坚定不移的守护者，是指引年轻人不断向上的成长导师。他的关心、提醒是一盏明灯，是一股暖流，让我在前进的途中少去几多迷茫，增添几分力量。

五、组织的精细与人文

一个不带任何行政色彩的沙龙，却那么生龙活虎地耀眼了十年。是什么样的魅力，吸引着一波又一波教育人，从南京的四面八方，有时甚至是全国各地欣然赶来？我想，除了各位教授独特的人格魅力，还有那群志趣相投的人用心地组织活动，让沙龙始终有一种家的味道。无论是每一年的计划编排、主题设定，还是每一次承办校的活动安排，总是严谨而不失活泼，郑重又充满温情。展示、提问、互动、交流，精巧的活动环节引人入胜；水果、饼干、咖啡、鲜花，热情周到的服务接待让人心生温暖。在这里，你不仅可以接触到最新的育人理念，领略到精彩的实践经验，还能学会如何组织活动，与人交往。

六、活动的创意与活力

"随园夜话"像一篇动人的散文，让你在轻松愉悦的氛围中有所想、有所感、有所悟。它总能带给你惊喜，带给你欢笑和感动。精彩的绘图演示、动人的故事陈述、有趣的情境表演、机智的现场访谈……一个个创意十足的点子让你惊叹组织者智慧的同时，也会对组织者产生敬意。突如其来的生日祝福，跨越千山万水的现场连线，创新让沙龙永葆青春的活力，散发迷人的魅力。

七、同伴的真情与友谊

很庆幸，参加"随园夜话"让我收获了成长；很幸福，参加"随园夜话"更让我收获了浓浓的真情与友谊。那群想想就让人心花怒放的小伙伴，在我记忆里留下太多美好。沙龙上时而唇枪舌剑，时而惺惺相惜；沙龙外，犹如兄弟姐妹，一起研究，一同玩乐。湘江、子意、旭东、大旗、杨学、文红，可敬的黎主任、齐教授、李博士、罗书记，还有我那可爱至极的申全妹妹，和你们在一起是全身心的放松，是满心的愉悦！我想你们了！想念教授家的狮子头，想念灵谷寺的萤火虫，想念生日宴上的摇曳烛光，想念与你们在一起的无数次欢笑……

"随园夜话"，十岁生日快乐！我要回来了，你在等我吗？

南京师大附中江宁分校　丁正梅
2018年9月10日

雨润心田，旭日东升

走过这几年，总有一种温暖让我们感动，总有一种幸福让我们分享，总有一股力量让我们前行，总有一方土地让我们成长！

一、穿越篇

2010年5月6日晚7点，南师大班主任研究中心主办的班主任沙龙"随园夜话"第17期如期在南师大随园校区举办。我校戴俊老师和朱小朋、周华红、沈六玉、笪慧敏、邱美玲等五名班主任参加了活动，这是本学期我校第二次组织班主任参加。

本期沙龙的主题是"班主任的角色和工作内容"，主讲人是来自南京市第十三中学的潘旭东老师，其他成员分别是南京外国语学校仙林分校科研中心的黎鹤龄主任、南京师范大学班主任研究中心的齐学红教授、南京六中的陈宇、建邺高中的袁子意、南京五里行知学校的杨校长、南京第二十四中的吴虹校长和南京市其他学校的中小学班主任等。此外，沙龙的成员还有齐学红教授的十几名研究生。在主讲人潘旭东老师的精彩主持下，沙龙从"如果可以用一个词或短语概括班主任角色的主要特征"这一话题开始分小组展开了讨论，通过畅所欲言了解班主任们对班主任这个角色的认知和态度。接着潘老师通过自己教育学生的一些典型案例及照片等深入浅出地探讨了班主任的角色和工作内容，包括了对学生的认识、对教育的认识、对学习型组织的认识、对班级和班集体的认识这四个方面。之后，黎鹤龄主任也发表了对于"班主任角色初探"的一些看法，他通过调查征集到100多条关于班主任角色的认知，并进行了分类。最后，南京六中的陈宇用"脚踏实地，仰望星空，守望成长，面向未来"对这次活动作了总结。齐学红教授也作了精彩点评，并确定了下次沙龙的时间、地点和主题。沙龙近10点结束后，我校老师也表示"随园夜话"班主任沙龙为他们搭建了一个交流、沟通和共享的平台，希望以后的沙龙主题更精彩。[①]

再一次看到上面这篇随笔，我心潮澎湃，思绪和身心仿佛穿越了，再一次回到了九年前……

九年前，我从南京十三中的团委、年级组、教务处……来到了德育处，第一次接触了"随园夜话"……

那是一个晴朗的傍晚，我匆匆离开学校，满怀着向往、忐忑、崇拜、懵懂、期待、不安的复杂心情，来到了美丽古朴的南师大随园校区，第一次来到了田南楼六楼，第一次参加了南师大"随园夜话"班主任沙龙。100多分钟，紧张、充实、热切、激情……

随后，教育年会、国培讲座、培训学习、技能大赛、书籍编写、视频录制等活动都让我回味无穷，欲罢不能。

如今，沙龙一路走过来，十年了！

十年了！太多的回忆，太多的幸福，太多的感悟，太多的收获，太多的成长……

二、践行篇

还记得

东哥是这个班的核心力量，是我们（2）班强大的存在，

曾经有人评论他"只是被模仿，从未被超越"。

我们东哥的魅力很大，能够威慑全年级，

---

① 引自潇湘夜雨的博客文章《参加"随园夜话"班主任沙龙之感想》。

传说只要他来了，正在打篮球的就会立刻跑了。

还记得他说开两个空调浪费电，转开一个空调；

还记得每次跑操的时候，我们班都是跑着下楼的，每次都到得很早；

还记得每次班会课最后的班主任点评环节，他都会讲很久；

还记得大家一大早在班级门口交作业的情况……

我们习惯了

我们习惯了天色葱曚的时候起床，六点四十开始早读。

我们习惯了早上传统的晨会，傍晚传统的夕会。

我们习惯了上课偷偷地说话做别的事，还得时刻注意门后鲨鱼的身影。

我们习惯了最先午休，最迟放学……

以后鲨鱼再也不会那么管着我们了，不会有默写，不会有他出的那么难的卷子，不会再每天改家校本、每周改周记本，不会再说冷笑话了……

或许我们都抱怨过鲨鱼的种种行为，但他确实是个负责的老师。

我们会永远记得曾经有过这样一位让人又爱又恨的班主任。

以后都没有了

有你们在，整个世界都在。

害怕每一次考试却又期待每一次考试。

依稀还记得每次跑操，最响亮的总会是那几句："自尊自信！自立自强！团结奋进！共创辉煌！"到了高二，还会有大家这么整齐的声调吗？不会再有了吧！

依稀还记得我们班的化学成绩总是轻而易举地超过实验班、强化班……

高一（2）班让我们刚来的时候巴不得早点走，可真当我们要走的时候，又急切地希望能多留一两天。

高一（2）班是我们一天骂八遍却不许别人骂的家庭。

今天下大雨，明天没有课……以后都没有了……

长大以后，我就成了你

初见先生——他方正的脸上架着方正的眼镜，步履略带急促却又十分坚定，不苟言笑地来到教室，在讲台上笔挺地站着，目光扫过教室的每一个角落。他年轻帅气，认真严肃。事无巨细，心思细腻的先生总能关照到。

调皮捣蛋的男生们或许至今才能体会先生的良苦用心，直到我成为一名班主任后才更明白，因为他们真的还很小，什么都不懂却自以为活明白了。

如果你觉得这位会讲冷笑话的化学老师实在是严肃，那你一定与他缺乏课后的交流，特别是圣诞节那天在作业本上给每位同学写的"Merry Christmas"。

毕业后有空就喜欢回去看看先生，在我眼中，先生也永远是老师，遇到困惑时，不自觉地就想如果是先生，会怎么做。

匆匆那年

大四时，我恰被南师大分配到高中母校实习。某日一节音乐课后，有学生跑来问我是不是潘旭东老师的弟子，潘老师是不是那时候的化学课就很爱从"配平"说开去，潘老师是不是那时候就是全年级女生的"男神"，潘老师是不是那时候就爱说"关起门来我们都是一家人"……

自军训后，"Boss"就成了潘老师的代称。溯其源，好像是当时艳阳下的潘老师戴着墨镜，穿着笔挺的衬衫，扮演着严肃班主任的角色，那杀伤力真的很"Boss"。

潘老师就是这样，像严父般严谨地管理着我们，又像一位慈母般细致体贴地陪着我们。

也不知从哪一刻起，这个班级在潘老师的带领下毫无意外地凝聚在了一起。

成功从来都不是偶然

"认真"两个字在他和我们相处的两年时间内得到了极大的体现。我们班学化学有自己独具特色的两大"法宝"——默写和笔记本。尽管日后也有其他班的老师效仿，但是像潘老师这样一做就是两年时间的，恐怕实在难得。

每周一次的周记，是我们吐露心声和提出意见的好机会；每周一下午的班会，潘老师总会让班委轮流上台主持展示；每一次的活动，包括比赛、运动会、出游，潘老师都会默默地担任着我们的成长记录者，帮我们用照片记录一切美好的瞬间。这些看似琐碎的方方面面，并非上级老师的要求，而是潘老师"自寻麻烦"，倘若他不为我们做这么多，我们依旧可以度过这两年然后离开。

叹兮惋兮长珍惜

高二分班。潘老师在十三中早已声名赫赫，以"严"铸班。当班主任名单公示，学生哀叹，家长欢喜。还记得每周的化学默写，两年下来已经不知道换了多少本子；还记得每周一的班会，只要能上，他绝对到场并坚持举行班会活动；还记得秋游时，在南理工的食堂，他端着托盘给我们发手抓饼。我不知道他是不是最好的班主任，却知道他是最认真的一个。

他要求守时，于是早自习便准时站在门口记下迟到的人；

他要求诚实与担当，要求你坦白的时候你最好第一时间承认并认错，碰到他监考时绝对不要期盼能有任何小动作；

他要求严谨与规范，校服、名牌、团徽早上检查一样都不能少。

他的很多做法与我们之前的体验是有差别的，比如运动会前几周让所有运动员锻炼身体。也许是有了付出才会更加期盼回报，运动会上我们班格外地团结和成功。

他在小高考时发动同学与家长，整理出手抄的小四门复习资料，装订成册，当时是一本知识点，现在却是一份纪念。高三分批开家长会，挨个分析各个同学。

做潘老师手下的班委，一定是一段难忘的经历，那些在潘老师手下干活时被要求出来的准确与细致，却是一笔宝贵的财富，于学习，于工作。[①]

---

① 引文部分摘自笔者所带的毕业学生的留言。

每一次读到上面的文字，我都幸福满满、感触不已。

我一直秉承"学高为师，身正为范"，坚信"农民误庄稼误一季，老师误学生误一辈子"。

18年来，每当我看到一届届的学生毕业离开，都心怀不舍；每当我看到一批批回来看我的老弟子，又心怀安慰！

三、收获篇

老师，您好！我是您XX级的学生。也许您已经不记得我了，因为我当时学习成绩一般，长相一般，很少有人对我印象深刻。但是我永远不会忘记，是您的关怀让我走出颓废，以积极向上的心态继续学习，最终考上理想的大学。作为班级的中等生，我曾经对自己的成绩和能力已经不抱希望了，一度破罐子破摔。是您一次次帮我分析成绩，找到我成绩停滞不前的原因；是您在我失败的时候一次次激励我，您曾说"失败不可怕，可怕的是被失败打倒"；是您坚持安排我做文艺委员，让我在元旦汇演中赢得掌声，那是我高中第一次体验到胜利的喜悦，从那件事上我看到了自己的能力，逐渐恢复信心；是您帮我制定了学习目标，让我一步一步走过来，并最终实现了自己的目标。老师，如果当初没有您的特别关怀，就没有我的今天。再一次说一声：谢谢您，老师。

这是我曾教过的学生写给我的信。中等生是老师比较放心的一个群体。他们大多上课认真听讲，作业也能按时按量地完成，平时也能遵守学校各项制度，很少违反纪律。正因为如此，在应试教育背景下，班主任往往很少关注他们，而把精力放到成绩优异和表现差的学生身上，却忽略了中等生对爱和关注的渴求，导致大量中等生因长期得不到教师的关注而产生消极、退缩等心理，身心发展受到很大的负面影响。因此，做好中等生工作是每个班主任不可忽视的一个重要课题。

中等生可分为三类：能力有限者；甘居中游者；情绪不稳定者。

中等生大多具有以下心理特征：低成就动机；低自我概念；自我监控能力差；情绪失调；人际关系不良。

挖掘中等生潜力的教育法宝：定目标，多沟通；激潜力，树信心；重方法，求效率。

十年一路走来，雨润心田，累累硕果。

班主任的角色和工作内容：对学生的认识；对教育的认识；班级和班集体。

具体细节：时间观念（迟到、显性浪费、隐性浪费……）；诚信品质（作业、考试、撒谎……）；自制能力（课堂纪律、抗干扰差、效率低下……）。

实施流程：到校、早读、三操、卫生、课堂、作业、文明礼仪等。

班级班务管理委员会的实际运作：核心成员包括班主任、任课教师（2~3人），一般成员包括学生代表（2人）、家长代表（1~2人），班主任和学生代表任执行主席。

班级文化三大法宝：班级文化由青少年文化、同辈文化、教师文化、教育文化组成，又受到社会文化、家庭文化、学校文化的影响。正是在这些文化的互动中，班级管理要逐渐形成自己的文化模式。班级文化建设已经成为影响班级中每个学生个体发展和班级发展的重要因素。在影响班级文化建设的各种因素中，班级环境、班级精神、集体舆论当为"重中之重"，堪称班级文化的"三大法宝"。

做一个智慧的教育工作者：智慧是一种文化，更是一种教育，还是一种享受；智慧也有着不一般的教育作用，可以挖掘出更大的教育潜力，只是需要有人去设计、去建设、去开发、去维护，为推动学校教育、为推进课程发展、为促进学生快乐成长起到更好更大的作用！教育应以人为本，应全面充实，让同学们先成人后成才。作为班主任，应该善于抓住一切机会促进学生生长。只有这样，我们才能培养出全面的人才！

四、感悟篇

感受·感动·感悟
——记教室中一次珍贵的泪光

一个星期二上午,我去参加教研活动,下午回到学校从班长口中得知班级发生了一件事……

中午休息时,一个女生在教室吃水果(违背了班级纪律),她的同桌且身为班级干部的男生上前制止该女生的行为,可该女生并不理会,继续吃;几次尝试后男生忍无可忍,故将该女生的名字和所犯错误写在黑板上公开批评,而该女生马上将名字擦掉,男生又写上名字,女生又擦,就这样重复多次。

我首先找男生了解情况,待事实明确后,先表扬他敢管敢说的工作责任心和魄力,再引导男生认识到他工作中的冲动和方法的失误。接着,找该女生谈话,经过引导、帮助与交心,女生意识到自己的错误与情绪化的言行。进入班级后,我先请该女生上台讲话,她主动承认自己的错误,向全班同学作出道歉和保证。接着请男生上台讲话,他也向全班同学承认自己的冲动和失误,向该女生道歉。最后,两位同学互相握手言和。在这种令人激动的氛围下,班内另一位女生深受感动,眼中闪烁着珍贵的泪光。

目前这两位同学既是同桌又是好友,互相帮助,共同进步,班级也更加团结。

人之相交,贵在交心,班主任要在班级中营造宽忍博爱、团结互助的氛围,用道理、爱心去教育和感动学生,这样才可以做得更好!

抢先一步,防微杜渐
——记高二住校生搬迁宿舍

高二年级分班不久,为方便管理,年级组要重新对高二住校生的宿舍进行调整与规划。

于是，年级组领导开始进行宿舍调查分析、住校人员统计，并决定在一个周一的晚上对全体住校生进行动员，起初有少数同学出现抵触情绪，不愿搬。

周一中午，我提前一步召开高二（6）班住校生会议，开展思想动员和调控工作。我对学生动之以情，晓之以理，讲清利弊关系及以大局为重等道理，并和个别有情绪的同学谈心交流，使全体住校生接受并顺利平稳地完成宿舍搬迁工作。在此期间，我先后召开三次住校生会议——安抚、关心、帮助住校生解决各种困难和问题。搬宿舍当天，我还带领班委一起前往，帮助同学们搬"家"。同学们十分热情主动，责任心强，体现了"家"的凝聚力。

目前本班住校生都能团结互助，生活融洽，就像一家人。

做任何事，不做则已，要做就要全力以赴。作为班主任要注重防微杜渐，切不可仅依赖于亡羊补牢；要多为同学们解决实际问题，只有这样，我们的"家"才会更加和睦融洽，更具有凝聚力。

"亲其师，信其道"这句话出自《学记》，一语道破了良好的师生关系对于学生的重要影响。维护良好的师生关系需要教师注意三点：尊重与理解；个人的教学魅力；良好的道德修养。

什么叫师德？其定义解释众多。但是我认为很简单——真正用心、用力、用爱去带好一个班，教好一门课，就是师德最好的体现！有什么样的班主任就有什么样的班级和学生！能够用心营造一种优雅而又有凝聚力的班级文化，正是一个有责任心且师德高尚的教育工作者毕生所追求和实践的！

五、成长篇

陈宇老师说幸福有三重门。

跨进幸福的第一重门：以自己的业绩和被认可获得幸福感。

跨进幸福的第二重门：从学生的健康成长中获得幸福。第二重门与第一重门的本质区别在于，前者是从索取中感受幸福，后者则是从给予中感受幸福。

至今，跨进幸福的第三重门：将教育和生命融合，享受教育带来的一切。教育成为班主任生命中的必然。

记得一位哲学家说过：要想铲除旷野里的杂草，方法只有一个，那就是种上庄稼；要想铲除灵魂里的杂草，最好的方法就是用美德去占据它。我已经连续18年担任班主任教育工作，但是每一届不同特点、活泼可爱的学生都会给我不同的体悟和收获。

作为一名青年骨干，我曾有过团委、德育处、年级组、教务处、国际处、校办、心理咨询等多个部门的工作和实践经历，但是真正喜欢的还是一线的班主任工作。

作为南师大"随园夜话"班主任沙龙的核心成员和特聘研究员，我多次参加大学教科书以及各类班主任教育书籍的编撰和视频录制工作。

我参加过多次全国各级班主任论坛和班主任国培计划，多次给来自全国各地的班主任、教育同仁们作经验介绍和讲座培训。

我喜欢直面我的学生，喜欢当孩子们的"代理家长"，喜欢"痛并快乐着"。

六、结语

我们老师要交给学生维护一生健康的两把钥匙：一把钥匙打开通向他人生命的那扇窗，去理解他人，关心他人；另一把钥匙打开通向自己心灵的那扇门，去认识自己，审视自己。

我们自己又何尝不应该如此！回顾自己这十几年的变化，还要感谢学生的陪伴。

班主任的职业幸福是见证、亲历一个个年轻生命的成长。每个孩子都是一本书，需要我们用一生来读。

我热爱教育、热爱班主任工作、热爱"随园夜话"、热爱各位同仁和伙伴……

感恩有你们的陪伴、支持和帮助！

南京市第十三中学　潘旭东

2018年9月5日

遇　见

世间一切，都是遇见。冷遇见暖，有了雨水；春遇见冬，有了岁月；天遇见地，有了永恒；我遇见"随园夜话"，有了成长。一路走来，我听见了自己生命拔节的声音，只因遇见了他们；一路前行，我遇见了更好的自己，只因他们给予我的鼓励，让我深深觉察到这是一份希冀，一种期待，一种力量……

来自四川的我，2013年9月正式加盟南师附中教育集团。2014年10月23日晚上，我在丁正梅老师的带领下，来到南京十三中参加第50期"随园夜话"活动。一路上，对这个活动组织、发起人、活动形式，尤其是"第50期"这个数字，我问个不停，丁老师索性向我娓娓道来她每一次参加活动的过程和感受。我饶有兴趣地听着。沙龙形式？人人发表见解？说真话，做真教育？我已经迫不及待见到它的庐山真面目了。那一期活动由罗京宁书记主持，陈斌老师做主讲嘉宾，介绍班级微电影教育。对于这样一种发挥学生主体作用、触及学生灵魂的教育形式，我表现出了极大兴趣。分组讨论汇报时，丁老师向大家隆重介绍了我的"特殊身份"。罗书记请我现场分享，我就说起了班级刚刚制作了微视频和四川的学校开展"手拉手，心连心"活动的故事。或许是因为沙龙宽松的气氛，我把自己组织的"千里真情一线牵"活动说得真实自然，又有那么一丝对于地震灾难的悲天悯人。话音刚落，大家就对我报以热烈的掌声，尤其是当我触到黎鹤龄主任（后来丁老师介绍的）那双温暖的眸子时，突然有一种磁场告诉我：这里是我温暖的家，我来对了。开展那一期活动时，齐教授还远在大洋彼岸，她与我们视频通话，倍感亲切。那一刻颠覆了我对"教授"的刻板形象，原来教授也可以这般学养深厚、温润如玉、亲切随和，犹如"邻家大姐姐"一样，我喜欢她！没想到第二天早上，在"随园夜话"的群里蹦出了齐教授发的一条信息："这位何老师很优秀，有教育情怀，欢迎她加入'随园夜话'学习讨论。"那一刻我是多么意外和激动，得到齐教授肯定的我决定"向下沉潜，向上飞扬"，一定不负"优秀"二字。

也就是在这次的活动中，我和尹湘江、吴申全、袁子意、潘旭东等核心成员认识了，我敬重他们对"随园夜话"的坚守与付出，他们喜欢我的真性情。于是，邀请我为"班主任工作十日谈"丛书的《班主任工作十日谈：新手上路》《班主任工作十日谈：走进学生》等书撰写案例，我欣然答应并认真写作。无心插柳柳成荫，不料案例被教育科学出版社的编辑看上，邀请我们将案例录制成视频，作为湖南省教师培训的讲座资源。感恩"随园夜话"给我的机遇和挑战，我便精心准备讲稿并尝试脱稿讲述，以求和观众有更好的眼神和心灵交流。2015年3月10日，我走进了南京市电教馆，自然流畅地录制了三段讲座视频，负责录制的老师鼓励我："很自然，没有卡壳现象，准备很到位。"半个月后，视频剪辑结束，教育科学出版社的何芳老师寄来了讲座证书，并附上留言："我反复看了视频，你的录音很有节奏感，听起来最舒服，你是最棒的！"其实我很清楚，我的普通话并不算很标准，口音还挺重，只是因为准备充分，用流畅自然掩盖更多的瑕疵罢了。这一次尝试让我定下了一个标准：以后任何场合的发言都必须脱稿，用最诚恳的态度和观众交流，传递温度。就是这样的自我定位，让我在追寻着心中的地平线，一路奔跑，一路成长。

2015年暑假，丁正梅老师找到我，说要出版"随园夜话"的智慧结晶——《创新班会课（小学卷）》，但是她精力不够，担心完不成，邀请我一起编写。我一听就觉得不敢相信：自己参加"随园夜话"活动都不到一年，精髓尚不了然，何德何能去编写这样的专著呢？没有金刚钻，我真不敢揽这瓷器活儿，怎么听都觉得是在做梦。丁老师鼓励我："我相信我的眼光，选择你没有错，你对教育的执着与专业，是可以完成这个任务的。"之后，她亲自带我到南师大和齐教授面谈，我聆听了齐教授对整本书的规划架构后有所顿悟。离开时，齐教授用她优雅的笑容、温润的声音鼓励我："相信你能行的，期待你们的书早日和读者见面。"

怀揣着齐教授和丁老师的信任与期待，那个暑假，我不厌其烦地联系供稿作者，征得其同意后进行修改。无数个寂静的夜晚，守着一盏孤灯改稿写稿。每当绞尽脑汁、头昏眼花时，总会想起冰心老人说过："成功的花，人们往往惊羡它现时的明艳，然而当初，它的芽儿浸透了奋斗的泪泉，洒满了牺牲的血雨。"第二天一早醒来又开始伏案组稿。一个暑假，五易其稿，终于交给主编审稿通过。2016年4月，《创新班会课（小学卷）》由教育科学出版社正式出版并在当当网等网站上发行，好评率达98%以上。不免想到了齐教授和丁老师对我的鼓励，这是一种怎样神奇的力量啊，居然能激发人的最大内驱力，到达"心向往之"的地方。

后来，只要能抽出空，我就会赶去参加"随园夜话"，还带着年轻班主任一起去。她们也爱上了这个有着超强凝聚力的组织，每次在回来的路上还在热烈讨论当晚的主题，回味齐教授的总结点拨，感慨不虚此行。因为在"随园夜话"，班主任们可以团结协作，可以针锋相对；可以图示，可以语述；可以切入小点，可以开放思维……

也许是混得脸熟了，也许是真诚感动了组织，2017年12月27日，第76期"随园夜话"走进江宁分校，很荣幸由我担任主持人，话题是"基于生涯规划的班主任领导力提升"。由于我是生涯教育的门外汉，所以邀请了学校分管生涯教育的纪主任进行项目介绍，而我顶多起到了在各个环节穿针引线的作用。然而就是这样的主持水平，依然得到了班教授、齐教授的鼓励，班教授还给我一篇他的论文，让我提出修改意见。我知道这是在希望我多读书，让阅读赋予自己更多发言权，做一个内心丰盈的女子，无论何时出现，要有"有趣的灵魂"陪伴。于是，我以一种花开的姿态静默成兰，捻一阕诗情，书一怀画意，静守一份安然，享受阅读的滋养。

2018年7月30—31日，《班主任之友》第四届公益论坛暨南京笔会在江宁分校举办，我有幸被推荐成为主持人，与陈宇、凌宗伟等教育大咖一起主持活动。齐教授关于"时间管理"的讲座引无数教师"竞折腰"之后，我和她相见了。她把我细细打量一番："你怎么越长越年轻漂亮了啊，明天就要轮到你上场主持了，加油！"简单的话语给予我自信的力量，我感觉总有一双眼睛在望着我，笑意盈盈，期待满满，那就是齐教授笑成了弯弯月牙的眼睛吧。第二天，我从容上台，运用了陈宇老师教我的方法："你注意听主讲嘉宾讲了什么，抓住关键词发问，调动嘉宾和观众参与。"果然奏效，我成功主持了吴非老师的讲座，嘉宾和与会老师互动良好，尤其是现场生成的问题、经典名句的引用让老师们留言叫好。江宁区教育局的姜书勤老师留言鼓励我："你的主持是最好的！仪态端庄，音色和美，逻辑清晰，紧扣重点，安排得当，有大家风范！为我们长脸了！"这是我听到的最高夸赞。细细想来，这与我在"随园夜话"遇到的每一位引路人息息相关，是他们让我明白：韶光易逝，刹那芳华，皮相给你的充其量是数年的光鲜，但除此之外，你更需要的是在一生中都能源源不断给你带来优雅和安宁的力量。

虽然天空没有痕迹，但我曾飞过。如今我的羽翼日渐丰满，以江宁区第一名的成绩被推荐参加南京市第二届"德育带头人"评选活动，再次夺得第一名的好成绩，成功获评"南京市德育带头人"。在学校领导的关心支持下，在我和我的团队的努力下，2018 年 8 月我校被评为"南京市第二批德育示范基地"。我参加南师附中教育集团特色项目汇报活动，从 19 个汇报项目中脱颖而出夺得一等奖，为江宁分校再添荣誉。

抬头向前走，低头闻见一阵芬芳，这是遇见"随园夜话"给我的最好礼物。感恩遇见，还有那么多给予我影响的前辈、长者和朋友，愿我们倾心相遇，安暖相伴，一生回眸共同的精神家园——"随园夜话"。

南师附中江宁分校　何明涛
2018 年 9 月 20 日

随园·随缘

"陈老师,这个月举办第59期'随园夜话',齐教授安排你负责策划主持,你好好准备一下。"临近放学时,我接到了区德育研究室姜老师的电话,心中一下子就忐忑起来。

屈指一算,这已经是六年前的一幕了,当时自己如小学生参加考试般的紧张样子依然清晰地浮现在脑中。

对于"随园夜话",我是个新生,最早一次参加的就是第58期,对于夜话的流程、形式、话题等,都一片迷茫,突然被安排策划主持,根本不知道如何着手。在心中犹豫踌躇了好长时间,终于鼓起勇气拨通了齐教授的电话。

"齐教授,我是陈海宁……"

"海宁啊,这次'随缘夜话'就要辛苦你了,如果有什么困难,尹湘江、袁子意几位老师会帮助你的。"齐教授温润的话语让我实在无法将之前在心里准备了无数次的推辞话语说出来。

"我……怕……做不好。"我怯生生地说。

"没关系的,我相信你会做好的。"

齐学红教授,我在很久前就读过她的书——《班主任专业基本功》《班级管理》《优秀班主任都是沟通高手》,一直觉得是遥不可及的名人,现在就在我身边,这么温柔地鼓励着我,信任着我。那一刻,我就下定决心要努力做好这次"随园夜话"。

我向尹湘江和袁子意老师求助,他们非常热心地为我提供了以前夜话沙龙的资料,一次次地帮我修改沙龙的流程设计;我对经常参加沙龙的教授和老师们作了一些了解,希望设计一些能激发他们畅所欲言的话题;我去阅读齐教授关于"班主任支持系统"的一些文章,力求能正确把控本次沙龙的主题；我搜索了一些教育沙龙的视频，学习如何去主持……

平时的日常教学与班级管理事务固然忙碌，但就是有这么一群班主任，心心念念着每月一次的"随园夜话"。

2015年10月10日，我永远不会忘记那一天，那是我第一次主持沙龙。来自各地的专家们、老师们，汇聚在我区的科学园小学。彼此的微笑、彼此的问候都让我心里暖暖的。在沙龙中，老师们各抒己见、集思广益，一个个神采飞扬。言为心声，行为心向，那一刻，我明白了："随园夜话"就是一个微型课堂，一个前进加油站，一个学习共同体，一个精神家园，大家研讨、辨析、学习、顿悟、反思、提升。那一刻，我喜欢上了这个活动。从此以后，我尽可能地参加每月一次的"随园夜话"。

经过多次的践行，我对主持沙龙有了一些了解，后来又相继承担了我区多次研讨活动的主持工作，而每一次研讨的收获都是满满的。有一次，我根据研讨主题完成了一篇论文，还获得了江苏省一等奖。

第一次的主持，让我真实体验到"一句鼓励的话语""一次热心的帮助""一群好学的同伴""一位专家的引领"对于个人的成长有多么重要。那么，当自己担任教师角色时，更应该向学生传递这些温暖的教育力量，唤起他们主动学习的美好画面。

"陈老师，你今天这么匆忙地奔跑，是又去南师大学习吗？"班长小贺好奇而又藏不住一丝得意地问我。

聪明的学生，在我的微信里发现了每月参加"随园夜话"的规律。对于如今的孩子来说，一份好奇心是难能可贵的。那一天，我放慢脚步，与她聊起了自己在"随园夜话"中的体验与收获，告诉她，在课堂上我是老师，在夜话沙龙里我是学生，只有不断学习，才能做更好的自己。从那以后，我每次参加夜话沙龙，都会告诉学生，他们给予我热情的支持。每当参加夜话的那一天放学，他们会互相催促："动作快点，别让老师迟到了！"所以，放学的速度都比平时快。那一晚，他们会在班级微信群里期待着我转发夜话的照片，尤其是看到我发言的照片，就兴奋地向爸爸妈妈们炫耀。渐渐地，我发现，那一天他们的家庭作业会比平时做得好。原来，我坚持参加"随园夜话"，就是身体力行地向学生树立了"热爱学习、认真学习"的榜样。学生们的支持与成长，让我从此不敢有一份懈怠。每一朵花都有春天，我们要用心、用情去灌溉。与其说我们催放了花朵，不如说是花儿圆满了我们的生命。

"随园夜话"带来的收获仅仅是这些吗？当然不是。

夜话让我的生活有了一份牵挂。每到因为某些原因不能前往当月的夜话时，那一整天我的心里都不舒服，有一丝愧疚、一些遗憾，更有一份惦念。那一晚，我会频频翻看手机，等待夜话微信群里发出现场的照片。看到照片，激动之后又是更多的遗憾，然后暗暗下决心：下次一定要去。

夜话让我的工作有了满满的幸福。每一个结合实际的话题讨论，让我收集到了更多、更有实效性的教育方法；每一次教授们的总结点评，让我对工作中的迷茫豁然开朗；每一回我都会有意外收获。《江苏教育》"班主任专刊"的主编周老师跟我说："陈老师，你来做我们这期'走进老班'的专题人物吧。"还有美女编辑吴青说："陈老师，你上次投的文稿 8 月份可以发表了。"陈红燕教授说："海宁，你向《班主任》杂志封面人物投稿吧，我来帮你改稿子。"班华教授亲切地说："我记住你的名字了，叫陈海宁，是吗？"我的第一本教育随笔《左手责任右手爱》完成初稿后，明知道齐教授和李亚娟博士工作有多么繁忙，可还是怯生生地拨通电话，希望她们能给我写一点序言。两位老师一口答应，在序言中给予我肯定与表扬。你们可知道，因为你们的帮助与鼓励，让我幸福到现在。

也许就是这样，在每一次夜话中，我们都有一种幸福感，知音相聚的幸福；有一种期待感，期待智慧交流产生灵感；有一种使命感，对教育的使命，对自我成长的使命。在一次次思想碰撞中，保持一种自我体悟后的小小的、慢慢的、创新的成长自觉，完成一次次蜕变，让我们能够用专业自信引领学生，让班主任的形象和品位来一个华丽转身，完成美丽的教育诗话。

随园，随缘，不论之前是否相识，在这里，相见就是缘，是教育之缘，亦是教育之源。

南京市江宁实验小学　陈海宁
2021 年 7 月 19 日

"香蒲"一样生长

——记我和"随园夜话"

回忆我和"随园夜话"的第一次缘分,那要追溯到2007年4月14日,在河南郑州,我有幸参加了"'帝豪杯'全国中小学班集体建设研讨会",第一次结识了"随园夜话"的发起人南师大的齐学红教授(那时,"随园夜话"还没有问世),以及最有资格称为"老班"(朱永新语)的南师大班华教授。缘分就是这样,不需要理由,是一种默念。由于都是从南京来郑州的,我和齐教授、班教授也就自然熟了。后来,在齐教授和我校黎鹤龄主任的举荐下,在南师大田家炳楼六楼会议室,我也参与了全国案例式培训教材《精神家园共营造:班主任与每个班级》一书的编撰和班主任沙龙设想的讨论。就这样,在齐教授和一批热爱班主任工作的领导、老师的共同孕育之下,2008年9月4日,一个星期四的晚上,在南师大田家炳楼602会议室举行了第一期"随园夜话",主题是"家校沟通与合作",由"老板老班"陈宇老师主持。

"随园夜话"的第一年,也就是2008年9月到2009年6月,一共举行了八期沙龙,我参加了六期,和当时已经64岁的我校教科研中心的黎鹤龄主任,一老一小挤着公交车去随园。当时的仙林还没通地铁,路况也不好,从南京仙林大学城到南师大随园校区通常需要近两个小时,尽管赵和春老师当时有辆车,但他经常因事不能正常参加活动。我和黎主任在沙龙结束后再坐近两小时的公交车回家,通常要晚上11点左右到家。就这样,说不累,那是假话。当时我也经常问自己,这样做到底为了什么?平时白天上班就够累的了，晚上还要匆忙参加活动，值得吗？我当初的想法很简单，参加了几次"随园夜话"，觉得蛮有意思的。一群"疯子老师"，每月一次，从南京的四面八方赶来（后来有不少外地的老师），有时顾不上吃饭，啃着麦当劳、肯德基，聚集在一起，喝着茶水、吃着水果、点心，聊着身边的教育话题。这些话题可能是你身边曾经或正在发生的，可能是你最近正在思考的。大家聚焦话题，各抒己见，谈经验，论观点，讲故事，剖道理，有时和风细雨，有时针锋相对，那个场面一般人、一般场合不太容易见到，那种感觉真是惬意、过瘾、舒服！不仅忙碌了一天的累被消解了，还可以让自己的心静下来，想想自己做过的事情和将要做的事情，想想做得对不对、好不好。参加"随园夜话"时，我真的有一种在充电的感觉，有一种再出发的力量！也许任何事情当你全情投入以后都有这种神奇的效果吧！我坚持参加"随园夜话"还有一个重要原因，就是榜样的力量，60多岁的黎主任都能坚持参加，我有什么理由不参加？每次沙龙的前几天，黎主任一定会发信息或打电话问我："我们晚上什么时候出发啊？还有谁跟我们一起去啊？"每当我看到这样的信息或接到这样的电话时，原本还想编个理由，找个借口搪塞一下，可转念一想，于心不忍，不忍辜负老人家对小辈的关心，不忍让一位老人夜晚独自出行，更何况去了也不亏啊。

说实话，参加这样的活动，耽误在路上的时间太多了，挤公交真是有点累。第二年，也就是2009年7月，我凑点钱买了第一辆车。这下方便多了，自己开车来回，方便快捷，还可以多带几位老师参加"随园夜话"。后来的一段时间，我校徐向明、孙瑛、杨学、王朝晖、张亚伟等老师都搭我的车参加过"随园夜话"。买车不都是为了参加"随园夜话"，但为了参加"随园夜话"是我买车的一个理由。

转眼，"随园夜话"已经十周岁了，共举办了80多期活动。十年，说长不长，说短不短，社会发生了深刻变化，我们每个人一定会随社会的变迁而变化。对我而言，这十年的变化也是深刻的，这种变化的一个重要力量就是来自"随园夜话"。回想2005年，我从老家携妻儿漂到南京，来到现在的单位工作，初来乍到，人生地不熟，除了当初的三口小家，举目无亲。要知道，对于一个新南京人来说，多么渴望有一些亲人般的朋友，感受家一般的温暖！"随园夜话"就是我的另一个家！我们都是"齐家人"！随园情，齐家亲！80多岁的班教授和60多岁的黎主任，就像自家的老人，是"随园夜话"大家庭的珍宝，我能感受到二老对教育的情怀、执念和担当！我贪婪地享受着黎主任给我父亲般的爱（我父亲也是一位教师，2010年离开了我们），如山如海，纯粹无私，无微不至！"齐家"掌门人——齐学红教授，像自家大姐，我很难用言语描述她的魅力，只知道喜欢、崇拜和感动！朱曦教授、陈红燕教授、李亚娟博士，他们是学术上的专家教授，情感上更像自家兄弟姐妹；罗京宁、袁子意、尹湘江、潘旭东，我们成了好兄弟；郭文红、杨学、吴申全、丁正梅、杨秀梅，都像是自家的姐姐、妹妹。感谢缘分，让我们在"随园夜话"神奇地遇见！遇见便一往情深！

我有时把"随园夜话"比作香蒲，生长在并不引人注目的环境下，不论天气如何变化，总以正直、向上的姿态生长，展示最挺拔、亮丽的自我。齐教授就是随园夜话的主心骨，一大批优秀的班主任老师紧紧地团结在齐教授周围，不为其他，只为了生长，学生的生长，自己的生长，教育的生长。"随园夜话"的主题像是中心棒，所有的设计和讨论紧紧围绕主题，环环相扣，只为了聚焦，聚焦问题，聚焦观念，聚焦原理。香蒲，不仅可以观赏、食用，更以其经济、药用价值为大众所喜欢。参加过"随园夜话"的人都知道，这种沙龙不同于学术报告会、研讨会、经验交流会，不是你说我听，而是大家分组团坐在一起，喝着茶水，吃着水果和点心，听一听，想一想，议一议，画一画，说一说，辩一辩……不分专家教授，不问年长年幼，沙龙人人平等，思想自由，形式开放，在这样一种轻松、愉悦的氛围里讨论，不就是家的感觉吗？"随园夜话"直面教育现状，启发人去思考，叩打人的心灵，回归人的本性，追求教育本质，是它最大的"药用价值"。

在"随园夜话"大家庭里，我是受宠的，是贪婪的。黎鹤龄主任给了我胜似父亲般的爱。天凉了，他嘘寒问暖；生病了，他左叮右嘱；开学了，他问这问那；发言了，他温暖鼓励……我被"父亲"宠着。齐学红教授相信我能主持沙龙，推荐我去多地讲座，鼓励我参与编书，支持我主持课题，邀请我拍摄网课，放手让我独立编书，原谅我时常犯错，鞭策我不断进步……就连我颈椎不适，齐教授都主动请她先生帮我针灸。我被姐姐宠着。我知道，"随园夜话"的兄弟姐妹们也宠着我，每当我因身体不适未能参加夜话，他们左右打听，放心不下；每当我生活或工作中遇到困难，他们都鼎力相助。

我觉得我很贪婪，贪婪地享受着"随园夜话"对我的好。

"随园夜话"，你伴我成长，我何以相报？

祝"随园夜话"十周岁生日快乐！茁壮成长！

南京外国语学校仙林分校　韦成旗

2018年8月28日

缘，妙不可言

缘，真的是妙不可言。它是这样神奇，能够将本是陌生的人们连接在一起，把可能存在的相遇变成现实，倾注了聚在一起的人们所有的情感。而就在八年前，我与"随园夜话"结下了不解之缘。

至今仍清晰地记得，八年前的一天课间，我接到了一向待我如慈父般的黎鹤龄主任的电话，询问我是否愿意参加在南京师范大学每月举行一次的有许多优秀班主任参加的"随园夜话"沙龙活动。想到自己虽然担任班主任十多年，已经具备了一些班主任工作的经验与技巧，但在千头万绪的班主任实际工作中，我仍深深感受到有许多棘手的问题亟待解决，更希望得到高手支招，于是就立刻回复黎主任，愿意前往参加学习。

就这样，我带着困惑与期待，在黎主任的带领下与韦成旗老师第一次走进了"随园夜话"。生性内敛、见到人多就会脸红的我，本以为参加这样的沙龙活动会让我紧张局促，可刚走进屋，便被眼前的情景打动了：室内的桌椅以小组形式摆放，先到的老师围坐在一起正亲切地交谈。研究生们忙前忙后为大家提供茶水、水果和点心，场面甚是温馨，突然让我找到了一种亲人聚会才有的感觉。正当我陶醉其中时，目光落在了一位笑意盈盈、穿着素雅旗袍的女士身上，她举手投足间显露出不凡的气质。她就是我后来十分崇拜、视为学习榜样的齐学红教授。

沙龙活动中，大家围绕中心话题，先小组讨论，再由代表发言，讨论的气氛异常活跃。作为新人的我被小组推选为代表发言。第一次站在这么多优秀班主任和专家的面前，我十分忐忑，还没有轮到我时就已经浑身发凉、手心冒汗。为了防止紧张忘词，我在发言前把自己要讲的内容一条条写在本子上，还在心中一遍一遍地默念，面红耳赤、心跳加速。此时，其他小组老师的发言我一句也没有听清。终于轮到我上台发言了，紧张的我不知眼睛该看向何处，但当我站定，看到台下老师们微笑的神情，齐教授和黎主任鼓励的目光，我竟然大方、流畅、清晰地表达出我们小组讨论的观点。在大家热烈的掌声中，我欢快地走下了台。

从那一次起，"随园夜话"就像磁铁一样深深地吸引着我。虽然沙龙常常是晚上举行，一天工作下来已经身心疲惫，但我仍热情似火地参与其中，每次都带着满腹的困惑而来，结束时又带着启迪与希望满载而归，让我以饱满的热情加倍地投入之后的工作、学习中。

在沙龙中，我就像干燥的海绵从专家和优秀班主任那里贪婪地吮吸着管理班级、与学生和家长相处的智慧与艺术……让我看到作为班主任除了要有爱心、懂得奉献之外，更要有智慧，学会思考。我还看到班主任工作的创生空间十分巨大，面对班主任工作中遇到的种种问题不能犹豫徘徊，自己要做的就是在班主任的工作道路上勇于探索，不断创新，砥砺前行。

在沙龙中，我渐渐消除了起初的紧张与羞涩，开始主动抓住发言的机会表达自己的观点。近些年，我不但与人合作主持过沙龙，还独立主持过沙龙，这使我独立主持学校的一些工作也是信手拈来。目前，就算面对六七百号人开设讲座我也能镇定自若，娓娓道来。现在常有人羡慕地对我说：你能力好强，胆子真大，在那么多人面前说话都不怕！每每听到这些话，其实我心中最清楚，我所有的这些改变都来自"随园夜话"，它像一块肥沃的土壤，让我在这里得到无尽的滋养与成长的动力。

在沙龙中，最珍贵的就是让我有缘与班华教授、齐学红教授、朱曦教授、陈红燕副教授、李亚娟博士等教育专家相识，与一批正在班主任工作道路上追寻梦想的一线优秀班主任们相遇。因为有着共同的教育信念与梦想，我们紧紧凝聚在齐教授的周围，不是兄弟姐妹，却比兄弟姐妹还亲。我们最痛快的事就是聚在一起谈论教育的话题，此时就会让我们忘却了时空的界限，迸发出无尽的火花。我静静地感受着从他们身上散发出的智慧和人格魅力，让我近距离地认识到什么才叫真正对事业的热爱，什么叫"教育的艺术"。我想正是缘分让本没有任何联系的你我他跨越时空的距离走到了一起，在不断的思维碰撞中追寻属于自己的梦想。正是"随园夜话"，让真正热爱教育的一群人走在一起，让我找到了作为师者的幸福与骄傲。

带着沙龙的温度回到学校，我在自己的班级开始大胆地进行实践创新，在班级管理中开发创生资源，联合教育小组的任课老师，组建家委团队参与班级管理，建立属于自己的班级管理模式与机制，助力学生、家长和老师的三方成长。在教育教学上融合家长资源，开展两项省级课题研究，尝试探索融合课程，为学生的终身成长提供支持与帮助。积累的经验获得省市论文评比一、二等奖，相关的论文发表在省级刊物上，相应的经验在多个讲座中进行交流与汇报。在齐教授的引领下，我就班主任带班的话题给南京师范大学本科生授课，为湖南省教师培训与中国慕课网录制班主任培训类视频课程，作为主编编写《班主任工作十日谈：道法自然》一书……

回望这八年，怀揣心中的梦想，我在班主任工作的道路上一步步走来，看着自己一天天地进步，我知道这是我与"随园夜话"结下的不解之缘。"随园夜话"，让我知道自己的不足并笃定努力的方向；"随园夜话"，赋予我源源不断的前进动力；"随园夜话"，唤醒我生命成长的力量。感谢夜话，感谢教授和这里的兄弟姐妹们，让我与夜话共成长。

南京外国语学校仙林分校　杨学
2018 年 9 月 20 日

在"随园夜话"遇见最好的自己

一、献给"随园夜话"十周年的礼物

今年是"随园夜话"班主任沙龙学术实践共同体成立十周年，多年来得益于这个精神家园的滋养，又因术后需要休养，缺席了好几次沙龙活动，深觉遗憾，颇为想念，总想自己能为它做点什么。一次偶然的机会，得知沙龙的引领者和灵魂人物齐学红教授想为沙龙设计一个Logo，这件事儿我就记在心里。也是对我们2017届中德班结业典礼的背景墙和PPT的设计者廖莎老师的极度欣赏，就想如果能请廖老师帮我们设计一下"随园夜话"的Logo，再合适不过了。彼时，廖老师已经追随先生去了南方工作，我通过微信跟她联系，她毫不犹豫地答应了，并且说因为我的老师齐老师是南师大的，她友情设计，分文不取。这让我颇为感动。

根据齐老师的解读："'随园夜话'是由一群真正热爱教育、热爱班主任工作的理论工作者和一线班主任自发组织的学术实践共同体，每月围绕一个核心话题展开讨论，这个活动已经坚持了十年。有一批非常优秀的班主任得到了很好的成长。沙龙十年活动的资料得以陆续出版，让很多班主任老师在这里得到了成就感和幸福感，这里成为班主任老师的精神家园和身心向往的地方。沙龙的主题主要围绕班主任工作中的理论问题和实践问题展开讨论，话题都来自班主任的工作实际，贴近班主任的生活。沙龙活动最后都由南师大专家学者加以总结提升，班主任老师非常获益。它带给人的感受是安全、和谐、温暖、轻松、愉悦的。'随园夜话'目前有一个微信平台，每月推出沙龙活动的报道。Logo的颜色应该凸显和谐、平等、尊重、共享、合作的理念。"廖老师的设计非常具有匠心：黄色与蓝色搭配，黄色显得温暖、轻松、愉悦，蓝色凸显理性、平等、尊重与和谐的学术研究氛围；展开的书本，象征教育事业和谆谆教诲的教师职业；穿插的铅笔形象，象征老师们孜孜不倦的教育思考与探索；简化的发光电灯泡，象征教师作为学生学习生涯中的明灯形象。在齐老师的建议下，廖老师增加了闪亮的星星，对应夜话主题，象征德育人的星星之火，可以燎原，传承思想，传播希望。

二、结缘"随园夜话"

"随园夜话"迄今为止已有十年的历史了，而我第一次参加"随园夜话"班主任沙龙研讨活动是在2014年11月，跟随黎鹤龄主任、杨学老师和韦成旗老师参加在莫愁中专举行的班主任沙龙研讨活动，那次的主题是"班会课与班集体建设"。在展示的基础上，各组进行了深入的讨论。虽是我第一次参加这样的研讨活动，但在黎主任和同组组员的鼓励下，我代表我们小组发言，最后还有专家的精彩点评和总结提升。这次的活动让我感慨良多，有一种流浪了多年终于找到适合自己的地方的感觉。因为在这里，每个人都会得到尊重，每个人都可以畅所欲言，这里是安全的，而且在专家的总结提升中能有一种豁然开朗的顿悟。于是，从那时起，只要我能调开晚自习或者错开时间，都会积极参加。一次次的研讨活动，让我得到了成长；一次次的发言，让我更加有见解、更加有条理了。看到"随园夜话"的专家、学者、优秀班主任们都有自己的理论或者带班理念，我也试着将自己担任班主任工作17年以来的班级管理与教育实践进行总结，尤其是将2010年8月起主动迎接挑战，离开普高担任国际项目中德班的班主任、年级组长以来的各种宝贵经验进行总结。2011年6月，经过近一年的实践，在即将送走第一批学生时，我对班上的同学们提出了三点要求，即入学德国高中后做到：第一，努力适应德国高中的学习生活，总结学习生活中的心得，我会向他们约稿，请他们来书写留学德国的经验、成长的心路历程等，供下一届学弟学妹们借鉴；第二，熟悉学校学业和生活的各项流程，待下一届学生入学时做好指导工作；第三，在返校看望我们时，邀请他们到班作专题讲座，与学弟学妹们面对面交流，传授经验，以期帮助下一届学生更好地成长。令人欣慰的是，学长学姐们反馈在帮助学弟学妹的过程中他们也能有所得。在南外仙林分校，我们是以班级教育小组的模式管理班级的，而中德班更不一样的地方是我们三个班级为一个教育小组，即"三合一"模式，且外教们全面参与教育教学的全过程。作为年级组长兼其中一个班的班主任的我，不仅要管理好班级，还要管理好年级，带领好中外教师团队合作共赢。2010年以来，我和团队成员一起创建了"中德班"这一品牌，受到了多次表彰，并在学校督导室杨昭主任的指导下，于2015年12月在总结经验的基础上形成了"中德大家庭"的理念。

纵向上，导师制推进学长制（往届学生"帮、扶、引、带"）。

其一，引导学生进行自我教育，培养自主意识，倡导同伴互助，发展自我意识，回归教育本质。

其二，一届届学长学姐们用自己成长的经验来启迪学弟学妹，帮助的过程也是成长的过程（共同的话语体系加上思想的碰撞）。

横向上，"三合一"管理模式，打破班级界限，和而不同。

其一，在促进学生社会化的进程中，实现多向交流（本班中方教师、本班外方教师、本班学生及家长、跨班中方教师、跨班外方教师、跨班学生及家长），在思想上超越本土文化，加强中外文化的交流，开拓国际视野。

其二，让学生站在管理的中央，明确自己的权利和义务，改变传统的"一管就死，一放就活"的状态，实现管与放的辩证统一，培养契约精神。

在多年的实践中，这一理念及其践行已成为中德师生的精神传承。那么，我想还需要思考的是自己所提出的这一理念有哪些依据？如何在实践中进一步完善？

三、再续前缘

2017年春天，我因在栖霞区"班主任基本功竞赛"中获得一等奖，受栖霞区教育局推荐，参加了 2017 年南京市中小学班主任高研班的学习，让我特别兴奋的是高研班的班主任是朱曦教授，而且齐老师在此有多场讲座和指导。在高研班的日子，每次的培训都是干货满满。说实话，刚开始我并没有进入状态，在近百人的班级中我没有发言。后来，我想起来在"随园夜话"的温暖记忆，鼓励自己就将这个集体当作"随园夜话"，渐渐地，敢于主动回答专家们的提问，并能主动分享，主动参与"谁是最美的班主任"沙龙研讨活动，甚至还担任了专家讲座的介绍人。我还能记得我的介绍词："齐教授，在曾经的几次接触、相处中，她让我感受到一位仁爱之师的温暖与力量，一种'上善若水，虚怀若谷'的气度；在学术上，她的高度是我穷极一生也无法达到的，但我愿追随她的脚步，不断提高、完善自己，成为更美好的自己。我想只有我们成为更美好的自己，我们才能帮助孩子们成为更美好的自己。请用热烈的掌声欢迎齐教授给我们带来'走向日常生活的教育研究'的报告，再次享用齐教授给我们带来的精神大餐。""我们的老班朱曦教授，我一直不敢相认，因为他仍是 20 年前教我时那风度翩翩、儒雅大气的样子。在他身上，岁月似乎没有留下印迹。我想，这可能是因为他常年特别愿意与学生们在一起，心态一直保持年轻，他看似严厉的外表下有一颗璀璨仁爱的宝贵心灵。愿与青春同行的小伙伴们，我们也永远年轻。下面请热烈欢迎朱教授给我们带来'好书分享'。"我也日渐进入状态。在专家们的引领下，我的努力也有了小小的收获，在 7 月下旬的南京市中小学班主任基本功竞赛中，我获得了高中组一等奖（南京市"五一创新能手"、优秀论文奖、优秀博文奖），担任组长的栖霞区小组还获得"优秀简报制作小组奖"。虽然这些与尹湘江、袁子意、郭文红、吴申全、顾青、魏环君、杨学、韦成旗等一线优秀资深班主任相比，还差得太远，但可以这么说，我们所取得的成绩，不管大小，都与在"随园夜话"得到的锻炼和成长是密不可分的。

此后的 10 月，我经历了人生中最严峻的考验，因突发心脏病倒在了教学楼下，此后进行了手术及较长的逐渐恢复阶段，很遗憾缺席了好几次"随园夜话"，因而有了文章开头的礼物。在逐渐能外出的情况下，我参加了今年的第 77 期"随园夜话",并带上了我的两个徒弟——万谦老师和曹娟老师。这次的研讨活动,我再次感受到了来自专家们和老师们的浓浓爱意。这是我第一次未在"随园夜话"活动中发言,我的徒弟们代表发言,两位年轻人的发言条理分明,有理有据,且有自己的想法,得到了与会者的肯定,这让我非常欣慰。

最后,我想说:"随园夜话",您的前十年,遗憾未能一直参与;您今后的每一年,我都会积极参与,和您一起成长。

南京外国语学校仙林分校　杨秀梅
2018 年 8 月 30 日

在这里,和自己重遇

宁静的夜晚,随园一处小楼灯火通明。在这里,我与自己重新相遇。

一、缘起

"流光容易把人抛,红了樱桃,绿了芭蕉。"忙碌而平凡的日子就如朱自清所言"匆匆",留下些什么,似乎都来不及去思考。作为一名普通的班主任老师,日复一日、机械地在自己的一亩三分田中耕耘着,生活平静得掀不起半点儿浪花,偶尔仰望天空,竟如井底之蛙。逃离自己的舒适区,走进一方新的天地,总是需要些勇气。南京市班主任基本功大赛之后,结识了几位学识渊博、认真严谨的南师大教授,在他们的推荐下,我对"随园夜话"这个神秘组织产生了好奇心。黎鹤龄先生鼓励我和他一起去参加,"环君,你来,'随园夜话'是班主任们修行的地方,你一定会很有收获"。先生说话时精神矍铄,看不出岁月的丝毫干扰,走过大半生,还有着一颗赤诚的学子之心,怎能不令人敬佩?

第一次走进"随园夜话",是一个深秋的夜晚,南师大的校园里泛着丝丝凉意,树叶沙沙地说着悄悄话。我和几位陌生的老师分到一个小组,主持人抛出一个问题,大家开始了激烈的讨论,声音此起彼伏,时间滴答滴答地走过,不知不觉已经9点半了。窗外的校园寂静无声,路灯下的小树叶打着旋儿,教室里每个人的脸上都神采奕奕,丝毫没有困倦,还沉浸在交流的兴奋之中,是什么力量让大家如此神往?是什么力量可以抵御时间的流淌?又是什么力量让来自五湖四海的班主任们齐聚一堂,我想我会在这里找到答案。

二、悟道

有一次参加"随园夜话",我在发言时提到"班主任工作非常繁杂,时常琐事缠身,所以很多一线教师是不愿意做班主任的,他们在班主任工作中找不到幸福感"。齐学红老师听了我的发言后,平和地看着我:"班主任工作是需要艺术和智慧的,当你对班主任工作有了更深刻的认识,明白了这份工作的意义,你会不断地提升班主任的基本素养,学习更有效的管理方法,从而把班主任工作做得有声有色,那些有智慧的班主任大多都能体会到班主任工作的幸福感。"齐老师的一番话于我犹如醍醐灌顶,让我意识到自己是多么浅薄,真有些无知者无畏的感觉。

他山之石可以攻玉,此后参加活动,从大家智慧的碰撞以及专家的引领中,我开始重新审视班主任工作:对学生而言,我究竟是谁?班主任在学生成长的过程中到底扮演什么角色?我曾经以学生称呼自己为妈妈感到骄傲自豪,认为学生和我的感情十分之好,然细细想来,学生只把我当作妈妈真的好吗?我如何发挥成长引路人和重要他人的作用?作为班主任应该给予学生的不仅仅是生活上的关怀,更多的应该是精神和心理上的关怀。

蒙台梭利说:"孩子只有在自由的条件下才能产生'自我创造',自我教育才可能成功。只有孩子自己主动地去接受教育,当他决定他学习的方向和速度时,才能够学得最好。"我们的班集体有没有给每个学生自由呼吸的空间,让他们如我们校训所言"顺其自然"地成长?

世间人的烦恼,常因为心里的音乱了。做老师的人必须时时反省,先把自己心里的琴弦调好,才能为学生调音。

三、行远

理论只有在实践的土壤中才能开出一朵绚烂的花朵来。我开始在班级中进行大胆的实践,带领学生一起进行班级文化建设,让学生参与班徽的设计,并张贴在教室里,进行投票选拔。班级常规管理全员参与,值周班长、班干部进行层级管理、层级评价，人人都是班级小主人。我还和学生一起创建"探究型"班会课程，打破传统的班会模式，让学生由被动地接受变成主动地探究，将生活和课堂真正地连接在一起。大家分成11个小组，每个小组一个主题，结合暑期的实践活动进行班会课的准备，有的小组去了敬老院，有的小组去了电视台，实践活动精彩纷呈，班会课程丰富多彩，变成班级中最受欢迎的课程。我将实践成果整理成《关于探究型主题班会的思考与实践》一文，发表在《江苏教育》杂志上。

除了构建德育课程，建设班级文化，我还尝试优化班级的奖励制度，运用积累积分、参与爱心拍卖的方式，给听障儿童送温暖。在这个过程中，和学生一起明确了奖励的价值追求，赋予其教育意义，在物质奖励和精神奖励之间寻得一个平衡点。这种新的激励方式起到了良好的作用，同时又具有深远的教育意义。且行且思，文章《爱心拍卖 点亮心灯——探寻如何优化班级的物质奖励》发表在《班主任》杂志上。

一个人可以把路走得好，但是一群人才可以走得更远。2020年新冠病毒性肺炎疫情期间，我和我的德育团队共同开发"悦雅"家长学校线上课程，并向全校推广，在栖霞区作了交流分享。目前这套课程还在发展与完善中，我们创编的家校合作情景剧《奖状》在栖霞区"家校共育"工作展示中深受好评。

行稳致远，是"随园夜话"给了我源头活水。这一路繁花相送，让我和自己重新相遇。

四、致敬

时光湛湛，我乘上"随园夜话"这趟列车的时间较晚，故而生出了一种感觉叫相见恨晚。在遇见夜话之前，我只知自己是班主任，走进夜话之后，我才明白我其实盛装参与了学生的成长，我还是他们的引路人、他们的精神关怀者。古人感慨"人生若只如初见，何事秋风悲画扇"，我无此遗憾，因为我和夜话次次如初见。

喜欢尹湘江老师说过的一句话："聚是一团火，散是满天星。"我时常在想，我可以成为满天星中的一颗吗？若是，我应将"随园夜话"的精神发扬下去，让更多的人受益。有一种传承叫从我做起。

人生并不漫长，匆匆岁月数十载，生命因真情而动人，因感恩而深刻。我们曾数次和自己对话，和自己擦肩而过。在夜话中，我和自己重新相遇，感恩指导帮助过我的所有老师们，感恩无私分享智慧的小伙伴们，是你们让我明白一种感恩叫终生难忘。

千言万语道不尽心中所想，最后以一首《满江红》致敬"随园夜话"，祝愿随园夜话来年依旧满堂红。

满江红

凝心聚力，夜话行，浓浓情意。回首望，追梦之人，慷慨激昂。多少期夜夜交流，十二年风雨坚守。只耕耘，水到渠自成，清如许。

随园里，灯火明。班主任，来相聚。交流分享多，人人受益。思维碰撞专家领，谈笑风生智慧长。盼明日，重新再出发，携手行。

南京外国语学校仙林分校　魏环君

2021 年 8 月 5 日

"随园夜话"伴我成长

我非常喜欢的作家白先勇在纪念他的父亲白崇禧将军的文章里说了一句话,"有些偶然的事情会在人的一生中起着决定性的作用"。他的父亲原本也只是想做一个教书先生,偶然的一次外出看见了征兵的布告,从此历史上多了一个赫赫有名的"小诸葛"而少了一位教书先生。回首往事,正是当初这次偶遇改写了白崇禧将军的人生轨迹。

做班主任之初,我就很喜欢在网络上寻找各种相关的资源,同时也在寻找南京本地线下的班主任交流平台。偶然的机会,我和"随园夜话"相遇了。2014年,在罗京宁书记和吴申全老师的引荐之下,我第一次登上了"随园夜话"的讲坛分享了我尚未成熟的班级微电影。对于一位普通的职业学校班主任来说,能够在一个全国知名的班主任平台上分享自己的实践,我感受到的是一份认可。对于当时处于职业低迷期的我来说,这是一份莫大的鼓励。前后三次,我分别从全局、与班会课的结合、与校本课程的结合等角度深入地探讨了我对班级微电影的认识,与专家和一线班主任作了深度的研修和交流。每一次的分享和交流都加深了我对班级微电影的认识。现在回过头来看,正是与"随园夜话"的偶遇加深了我对自己的价值认同,也增强了我在班级微电影这个点上深挖的信心。正是和"随园夜话"的相遇,帮助我逐渐地从寻求外在的价值认同走向内在的自我肯定。我也试着沿这样的方向去帮助我的学生找回内在强大的自信。

每一次相遇都是最好的安排,感恩和"随园夜话"的结缘。在"随园夜话"十周年之际,我想和大家分享一些我参加"随园夜话"的感受和体会。

行走拓宽世界。南师大随园校区对我来说有一小时车程的距离,说近不近，说远也不远，但是实际算下来每次参加夜话前前后后也要花费 6~7 个小时，几乎都是要晚上 11 点多钟才能到家。行走拓宽世界，当我真的走出来之后才发现世界的精彩。"随园夜话"的教师构成从小学一直到大学，我们平时很少有机会能够接触不同年段的教师，也很少有机会近距离地聆听他们最真实的想法。在"随园夜话"里，我们可以对不同学段老师和学生的生活特点有更加直观的认识。这些直观的经验让我思考问题的时候开始从全局系统的角度入手，不再只局限于当下的学段。当我们看世界的角度变了，世界自然而然也就宽了。"随园夜话"是一个开放的平台，你有好的创意和做法都可以拿来分享，你想多说就多说一点，不想说的时候也可以做一个倾听者。很多时候，我就做一个默默的倾听者。对于一个离开大学好久的人来说，还有机会在大学里聆听教授们的分享，这多少有些幸福。做学生的时候缺少实践，做老师的时候又缺少理论，而今在自己有了一定的实践之后，再次聆听教授们讲授的理论就感觉理论和实践之间搭建了一座桥梁，二者之间的融合度也提高了很多。正是勇于走出自己的小圈子，我们才有机会去接触更多的人和事，从而扩展和丰富自己的世界。每次我都很享受这静静的聆听，一两句的点醒带来的豁然开朗的感觉实在令人兴奋。有时候只有行走，离开自己熟悉的环境，换个角度看世界才能够遇见更好的自己。

  分享即成长。我在"随园夜话"分享的主题是我的班级微电影。齐学红教授的两次点评给我留下深刻的印象。第一次分享的时候，齐教授当时在美国做访问学者。通过网络连线，齐教授分享了"记录下来就是历史"的观点。我们用微电影这样一种方式记录了普通人当下的历史，这样一个视角为我们所做的工作作了一个宏大的注释。不只是历史书上的东西才是历史，也不只是伟大人物的故事才是历史，我们每个人都是历史的主角，我们的故事也是历史。在后来的分享中，齐教授也提到了同一个事物要尝试用多种不同的话语方式来表达。这也是班级微电影这个主题能够先后三次被分享的重要原因。我始终围绕班级微电影这个中心，尝试用不同的话语方式来叙事。尝试的角度多了，我对班级微电影的认识也通透了许多。正是在分享中，我从别人的对话中看到了自己看不到的部分，完善了对班级微电影的认识。如果说行走拓宽世界首先是身体上的远行，那么分享即成长则是精神上的远行。在"随园夜话"的研讨里，我们通过"分享—互动—流动"的方式，实现了自身认知的成长。在2014年《教师月刊》年度教师的评选中，我突出了班级微电影改变教育的形式（区别于传统的说教）这一亮点。在2016年《班主任之友》封面人物的评选中，我构建了以"自编、自导、自演、自娱"为路径、以"自信、自由、自立、自强"为目标的班级管理路线图。在2016年《中国教师报》年度非常教师的评选中，"班级微电影，让每个学生都成为人生的主角"这样一个标题受到关注。2017年，我完成了我的硕士论文《微电影介入班级管理的实践研究》。正是在"随园夜话"分享中激荡出来的观点为我后期的研究提供了思路和方向，我也正是沿着这些思路和方向把班级微电影的研究一点点地做实。

  从经验走向理论。经验具有很强的个性化色彩，是很难复制的，无论是对自己还是对别人，我们更希望自己能够从实际经验中抽象出解决问题的模型。这就要求我们站在一个更高的维度来看待问题和解决问题。因为有这样的思考，每次参加"随园夜话"的时候，我都会特别留意教授们的点评部分。透过教授们的点评，我们能够更好地透过现象看到本质。因而对班级微电影这个主题，我既看到自己是如何一点点地把这个想法做大做强，同时也透过经验的层面构建解决问题的模型。我把班级管理分为三个阶段。初始阶段以培养自信为目标，通过情感连接和学生建立良好关系，通过日常活动中的小成功累积大自信。发展阶段以追求自由为目标，充分地相信学生，让学生自由选择和创造。人在自由的状态下是最有创造性的。解体阶段以实现自立为目标，通过培养学生的责任感，让学生逐渐走向独立。通过这样一个基本模型的构建，大体上可以让我从具体的微电影形式中抽离出来。后期的带班中，我既可以从微电影入手，也可以就学生的实际来设计适合他们的形式，从而不再受制于具体的形式。这些思考与实践和"随园夜话"的影响是分不开的。遇见"随园夜话"，遇见更好的自己。

南京江宁高等职业技术学校 陈斌
2018年8月10日

牵手夜话，共叙成长

随园夜话，十年。很幸运，我没有错过，并参与了100期庆典的筹备，荣幸之至，开心至极。

一、我与夜话

2018年12月19日，我带着好奇走进了南京市建邺高级中学，参与了袁子意老师主持的第84期随园夜话——"寻美 尚美 创美——对话美术教师"。如同刘姥姥进大观园，从上楼梯的那一刻开始，我便四处观望，觉察着与以往参加活动的不同之处。这期夜话的地点在二楼的一间教室，当我小心谨慎地走进门时，齐学红老师（齐老师是博士生导师，是资深的南师大教授，按理说，我应该称呼她"齐教授"才是，但是我一直以"齐老师"相称，我觉得这样的称呼让我感觉更亲切。齐老师是师长，是挚友，如亲人一般）已注意到我，并指引我坐在她隔壁的一组围桌。说实话，那场夜话具体的内容我已记不太清，我这位"刘姥姥"就忙着去感受氛围，去观察每一位参加夜话的人的状态。我发现，近两个小时里，大家在主持人的带领下都那么投入，浑然不知时间的流淌。这就是"随园夜话"的魅力：开放、平等、包容、碰撞、启智。在这里，无论你是谁，只要你愿意走进来，夜话敞开胸怀欢迎你；在这里，没有层级高低，没有论资排辈，走进来，我们都是教育人；在这里，你可以大胆地提出见解，畅所欲言，在碰撞中收获真知；在这里，你可以牵手同路人，共谋育人路。

我被深深吸引，此后，每一期夜话都排除万难尽量参与。我有幸主持了两期、策划了一期"随园夜话";我有幸收获了一群志同道合的盟友;我更有幸能够从齐学红老师和班华老师身上习得为人为师之道。

我不能一人走,我要和我们的班主任们一同前行。

二、我们的班主任与夜话

我分管学校德育,至今年7月,我校班主任共22名,工作满四年以上的仅7名,三年以下教龄的班主任占比65%,是一个朝气蓬勃的群体。随着每年大批新入职教师的加入,班主任团队年轻化的趋势愈发明显且趋于常态。这样一群班主任,他们有思想、有朝气、爱学习、可塑性强——是资源;但他们年轻,缺乏经验——是弱势,要锤炼。他们需要专业、快速和高效的成长,这就离不开学校的引领和指导。

于是,我带领大家定期参与"随园夜话"班主任沙龙活动。"随园夜话"给我们班主任提供了一个交流与分享的平台,让来自全国四面八方的优秀班主任们进行零距离交流,将埋头于班级事务的班主任们聚在一起,点燃思想与创意的火花!

我鼓励班主任们在这个极具影响力的沙龙中,用心倾听专家指导,大胆表达自己的观点。大家积极参与活动的一幕幕画面历历在目。

在"基于资源整合的班级特色文化建设"的议题下,张露文老师就家长把直升机开进学校这一案例进行辩证分析,提出换一种方式整合资源,让学生走出校园,接触飞机。

在谈及"基于学生特色的班级特色文化建设"时,老师们就"教师时间分配在教育教学还是在学生兴趣特长上"进行热烈讨论。吴一叶、王雅雯老师根据学生特点提出一些解决方案:可以在班级成立一些俱乐部,让学生自发组织活动;然后选出感动班级人物,发挥榜样力量,提高学生的上进心;还可以静心训练,训练学生的专注力;亦可以丰富教室布置,增加班级读书角,提高学生的主人翁意识。

当将班级特色文化建设置于不同学科背景下,已50岁有余的汪洋老师表述了自己的见解：创建班级特色时要由内而外，自下而上，"下"就是来自学生，"上"最后形成班级的特色，我们建设的"墨香班"就增强了学生的文化自信。

……

一路学习，一路实践，迎来了一路收获。这支平均年龄不到30岁的22人工作团队，三年来，一位老师被评为建邺区"德育工作带头人"，两位老师被评为建邺区"优秀班主任"，五位老师参加建邺区班主任基本功比赛分别荣获一、二等奖，七位老师的市区级德育课题立项，团队全体老师均获得市区级德育论文一、二等奖。截至2020年，17个班集体中，已产生了七个优秀班集体、七个良好班集体。

2018年起，德育中心组着手用实际工作案例汇编《班主任读本》，目前《班主任读本》已成为学校特有的班主任带班宝典。

2019年12月，江苏省班主任年会上，我向在座的专家、同行们作了主题为"班级文化建设及其艺术表达"的报告，介绍了带领新城小学怡康街分校大家庭建设班级文化的点滴。青年班主任王雅雯老师进行了主题为"合唱特色班级文化建设"的发言，汇报了自己班级文化建设的构想。

2020年9月，建邺区小学班集体建设德育工作推进会在我校举行。

2020年9月，学校班主任团队被评为建邺区"最美教师"。

2021年4月，班主任团队又喜获南京市"五一巾帼标兵岗"荣誉称号。

"随园夜话"不仅仅是我们学校班主任团队建设的第一站，更是老师们的一盏引路灯。正是在"随园夜话"的引领下，新城小学怡康街分校的老师们行走在路上，一如既往地团结互助、踏实进取，勤思索、爱交流，更加具象化地描摹班集体建设的蓝图，迈入新的天地。

三、夜话，我们有话要说

对于"随园夜话"，我们的班主任有颇多感慨。

庆竹老师说："随园夜话"是班主任智慧交流的天地，一次次思维的碰撞，一场场带班的实操分享，一位位优秀班主任的慷慨而谈，夜已深，但为人师的心却在不大的场馆里越聊越火热、越听越期待，乘兴而至，满载而归。

陈玉老师说：每次在夜话中，通过主题式的案例分析和小组研讨，借助思维导图，围绕教育管理的现实问题进行"头脑风暴"。这一新颖的交流平台，让我在交流中拓展了管理视野，涵养了教育素养，提升了自己在实际行动中的战斗力。

房露佳老师说："随园夜话"是班主任表达困惑、分享经验、碰撞思维的一个很好的交流平台，在交流中碰撞出的理念、策略，如同严冬中的一株腊梅，在我们心中生根发芽，直至美丽绽放。作为青年教师，我还要在今后的班主任工作中不断地摸索，不断地反思，争取做一名研究型班主任。

王雅雯老师说：参加了两期"随园夜话"，我深深地爱上了这个沙龙。在这里，每位德育人的思想在不断地碰撞，表达灵感在不断地迸发，它为我们年轻班主任的班集体建设指引了方向。思想有多高，行动就有多远，希望今后能在"随园夜话"收获更多的宝贵经验！

吴一叶老师说：从新手教师的迷惘探路到如今的稍有心得，五年的班主任生涯离不开"随园夜话"的指引。在这里，齐学红教授等大家将高深的理念深入浅出地进行讲解，更有一群怀揣梦想、经验丰富的老师在这里用自己的实际案例为年轻老师们答疑解惑。一次次的智慧碰撞，让我明晰了教育是一门学问，家校合作更需探索，班主任是一个需要教师不断提升自我的专业化工作。

许陶陶老师说：作为一名老班主任，能够参加"随园夜话"，深感幸运。在这里，既有专家教授先进理念的导向引领，也有一线班主任亲身实践的案例分享，每次参加完，总感觉内心装得满满的。从专家、同行身上，我不仅学到了做好班主任工作的经验，还被他们对教育事业的孜孜以求、默默奉献所感动。从他们身上，我更加理解了"学高为师，身正为范"的含义。

薛妍老师说：我是一名有着十年工作经验的班主任，自认为有些班级管理的心得。但是，"随园夜话"就像给我打开了一扇窗，让我看到了班主任的工作需要更多的专业支持。跟着"随园夜话"一路走来，我的班级管理理论有了进一步的提升，用理论指导实践，更是让我的班级管理游刃有余！感谢"随园夜话"这个平台！感谢在这里相遇的各位专家和同行！

在"随园夜话"可以汲取前沿理念、碰撞智慧火花，一个个真实话题，一声声竭诚分享，一字字箴言感想，都指引着有思想、有智慧的德育人继续前行！

感恩遇见，感谢有你，期待夜话下一个十年，我们依然牵手夜话，共叙成长！

南京师范大学附属中学新城小学怡康街分校　李曼莎

2021 年 9 月 20 日

做自觉的学习者

"今天是'随园夜话'第85期,是我第一次参加。静谧的师大,今夜格外美丽。来自南通、江阴的外地老师和南京各区的老师们齐聚一堂。最令人感动的是,高龄的班华教授、班主任首席研究专家齐学红教授和学有建树的陈红燕博士,也莅临夜话。今天的主题是'聚焦生生关系,构建沟通心桥'。我和南通的一位教师共鸣很大:当生生关系遇到问题时,作为班主任,我们在哪里?我们能为孩子提供哪些支持……"

这是记录于2019年3月14日参加"随园夜话"活动后的感想。即使我"入门"夜话的时间不早,即使我参加的次数不多,但当看到湘江老师发出纪念"随园夜话"100期征稿的消息时,当我试图回首夜话究竟带给我怎样的成长时,我在梳理的历程中看见了感动、理性、困惑与成长……

在这个非正式的教师学习群体中,我看见了大家的教育情怀与深深的热爱。

这个群体,活动意愿都是自发的,活动时间都是节假日,活动所需都是自己承担;在这里,没有评优评先,没有物质奖励……但每一次慕名来参加夜话的老师都满腔热忱,有的甚至不远千里而来。

我想,这就是"随园夜话"的魅力吧。她的魅力来自教师的教育情怀,来自教师对教育的深深热爱,除此,我找不出其他支撑夜话走过十多年的理由。

在这里,只要谈到教育中的真善美,我在所有老师的眼里都看到了闪闪发光的小星星。湘江老师,教育站位高远;旭东老师,教育视角独特;子意老师,坚定学生立场;郭文红老师,教育智慧超群;杨学老师,家校教育做到极致。还有很多我叫不出名字的老师，他们淡泊名利，情怀深厚，用一颗纯粹干净的心，在教育实践的路上默默耕耘，为学生成长赋能。

在这个非正式的教师学习群体中，我看见了一群自觉的教育者和学习者。

美国教育家杜威说过："一个人离开学校后，教育不应该停止。"中国中小学班级教育原理研究的先导者班华教授，在《生命自觉——我希望具有的教育信念》一文中写道："做自觉教育者。理解教育本质、规律、实施原理。理解新时代中国特色社会主义中，教育、人、社会、自然之间的相互关系；具有教育使命感；懂得教育实施方式；懂得教育艺术。做自觉学习者。自己创造自己。理解学习对社会、对自己的意义，遵循学习规律，做终身自觉学习者。自觉教育者首先应做自觉学习者。不仅仅教育者，所有的人都应成为自觉学习者。提高生命自觉是自觉教育者、自觉学习者成长、发展的前提。"

班老本身就是自觉教育者和自觉学习者的践行人。多年来，他知行合一，追求教育真理。记得参加第91期"随园夜话"时，我比以往提前了不少时间到，但到达时才发现，班老早就到了。我坐在他身旁，班老像个孩子，掏出他发表在《人民教育》上的文章——《享受自觉学习者的幸福》，那是我第一次看到这篇文章。除此之外，班老还告诉我，在他随身携带的袋子里，有他复印的好多有关教育的文章，边说边把一沓报纸拿出来给我看，嘴里念念有词："聂老师啊，一定要做自觉的教育者和学习者。"

班老对那次夜话的点评也让我尤为深刻。他说："人是文化生命。学校管理的目的不是把人管死，而是为了把人管活。管理是为了解放人、教育人、发展人。教师要做自觉的教育者和学习者，不仅向大师学习，向优秀的同行学习，还要向受教育者的儿童学习，因为儿童是成人之师，儿童是成人之父。"

一个耄耋之年的老教育家，即使退休多年，还克服一切困难，期期参加"随园夜话"，只为一生践行做自觉的教育者和学习者。我由衷佩服的同时，也坚定了自己做自觉教育者和学习者的信念。

在这个非正式的教师学习群体中，我看见了齐学红教授每次点评的高站位。

参加几期"随园夜话"，看到那么多比自己优秀还更努力的同行们，真的很幸运，也大开眼界。但最让我期待的是，每次活动最后齐学红教授的点评。齐教授高站位的教育思想，独到的视角，精准的点评，每次都让我醍醐灌顶、豁然开朗。

曾经，在参加"随园夜话"之前，对于已经有 17 年工作经验的我来说，一直在问自己：我到底想过怎样的职业生活？如果离开单位的平台，我该如何实现自我成长？如果没有来自顶层的外部推动，我该如何自己成长？面对当代儿童，我该如何用自己的专业，推动他们持续成长？

对于多年的教育困惑，我在第 88 期"随园夜话"齐教授的点评中找到了答案。她说："教师的学习，很大程度上已经内化为教师的自觉意识与职业幸福感。不要忽视每一个教师的力量，我们每个人从点点滴滴做起，我们中国的教育生态还是有可能改变的。除了顶层设计的影响力，还有一种成长的可能性，就是自下而上的成长。因为希望不是寄托在一个开明的校长身上，更应该是寄托在我们每一个教师身上。"

是的，除了单位为自己搭建的成长平台，我想，职业生涯往前走，更多的成长要靠自我觉醒。强烈的内驱力，快速的行动力，引领与推动我们去思考、寻找、探索、构建和超越，才会看到全新的自己、全新的生命，才会接近真实本身、教育本真。

十几年的一线教育生涯中，忙忙碌碌，琐琐碎碎。每天埋头躬身实践，刚工作时对教育"诗意栖居"的理想，渐渐在现实中暗淡。每次有机会和教授、博士们交流时，都会提及写作一事，直言只会写教育叙事，不会写教育论文是一件憾事。

但在第 90 期"随园夜话"中，齐教授的点评不仅帮我解了困惑，还让我恢复了教育自信，更让我找到了平凡教育生活的意义与价值。齐教授这样说道："旭东老师的分享让我们明白'教育是一种改变'。海宁老师的分享让我们明白'与学生一起生活就是教育'。我们要把班级文化做得很微观，不要去做很结构化的东西。我希望大家在下一期的夜话中去讲在这么多年的发展过程中诞生的东西，把一个动态的过程呈现出来，才真正有感动人的力量。"

2020 年突发的新冠肺炎疫情，对教育提出了更大的挑战。但是在齐教授一直以来的思想引领与熏陶下，我觉得自己的教育心态更加平和，教育视角更加开阔。即使宅在家中，我也一直在做自觉的教育者和学习者，并不断思考：我该如何在这样的大背景下去做教育？我是抱怨停滞，还是积极行动？我为何不把这样一个已成为既定事实的事件作为教育契机，为学生成长挖掘出丰富的教育素材与内涵，再利用家庭力量实现家校共育呢？

在这样的思考与灵魂追问下，我一步步把教育预设变成教育现实。我先是以班主任的身份，利用班级微信公众平台推出了自己设计的"云课程"的第一课"班主任写给同学的一封信：疫情之后，期待遇见更好的你"，和学生聊了生命的意义、教育的意义和独处的秘密，以及无私奉献的家国情怀。在接下来的"云课程"中，开展了"疫情里的古诗词""疫情里的绘画""疫情里的思考""疫情里的感人故事""疫情里的'见字如面'：给同桌写信"等活动，还组织队员在家中给疫区对口小学的师生写诗，并录制短视频，与他们齐心抗疫，共渡难关。

这些活动的开展稳定了"班心"，触动了"人心"，教师、学生和家长之间的凝聚力从未像此时这般紧密。而之所以会设计这些"云课程"，都是基于我对教育的思考，是这些年跟着齐教授学习熏陶的结果。

第93期线上"随园夜话"的主题是"后疫情时代班主任工作大家谈（一）：班主任角色再思考"，正好与自己的实践不谋而合。齐教授的点评，我反复学习了数次。她说："面对突发事件时，班主任不再是孤军奋战，我们与家长、学生、任课老师形成了一个共同体。今天我们很多老师的发言就体现出大家意识到不能只靠自身，必须要去整合所有的教育资源，重新去构建班主任在教育关系中的角色。过去的班主任，学校有什么任务只是去应对，只是去执行，但在这一次疫情当中，我们很多老师的一些思考、一些做法是被激发出来的，而不是被安排出来的，甚至学校的很多实践也是创新性的。班老师在书中提到的人类命运共同体，就是将新的观念、理念注入了班主任工作当中，教育当中这样的一种不确定性，恰恰是我们教育的生命力所在。"

很幸运，我一直在一所百年名校工作，接触的学生和家长都是经过"筛选"的。因此很多时候，外人认为我是站在"高地上"进行教育教学，是不会有多少教育困惑的。每每与兄弟学校教师交流的时候，听着他们对学生和家长的抱怨，在同情之外，我会思考：我的教育挑战他们又知道几何？事实上，聪明的学生及其背后的家长，对教师的教育智慧要求更高。而现实中，我们很少花时间去研究如何提高自己的教育策略和智慧，如何去帮助需要帮助的孩子和家长，更多的是抱怨，而这些抱怨几乎都是基于学生的学业起点与家长文化水平给予孩子提供的学业支持，考虑更多的是能够为自己的教育教学扫清多少"障碍"，甚少想到我们作为教育者，能够给予受教育者——学生——多少帮助，能够给予合作"伙伴"——家长——多少专业的影响与帮助？说白了，无论我们遇见怎样的学生和家长，我们都没有必要去抱怨，也没有资格抱怨，因为帕尔默在《教学勇气》中生动地描述了这样一个场景：

几年前，我遇见了一位实验学院的主任，他正在指导一所知名大学的校园项目，已经进行到第二年。他刚和教师开完会回来，其表情表明工作进展并不顺利。

"出什么事儿了？"我问。

"全体人员花费了大半个上午的时间抱怨学生的质量太差。他们说如果我们不招收基础好的年轻人，我们这个项目就绝不能取得成果。"

"你对他们的抱怨回应了什么呢？"

"我尽最大的努力去听，"他说，"但是他们只顾一个劲地责怪学生。最后我说，他们的话听上去像医院的医生在说，'不要再把有病的病人往我们这儿送——我们不知道拿他们怎么办。给我健康的病人，以便使我们看上去像好医生。'"

他打的比方帮助我理解了教学的一些重要东西：我们诊断学生健康状况的方式决定我们提供治疗的方法。但是老师们很少花时间去共同思考我们学生的状况，以及我们的教学能够治疗的弊病。我们没有什么东西能够和医院里常见的大会诊相比：在医院里，医生、护士、治疗师和其他专家联合起来诊断一个病人的病情。相反，我们却允许不假思索地凭着充斥在教师文化中的偏见来形成我们的"治疗方式"。

可现实中，这样的老师又有多少呢？所以，当听到第97期"随园夜话"中齐教授的点评后，我特别幸运自己能在这样的群体，遇见像帕尔默这样的教授。齐教授说："家庭与学校应该仅有部分相同，家庭、学校与社会应该是同中有异的。我们可能对同要求太多而对异的理解还远远不够。在家校共育中，我们应关注到同中有异，着重于理解'异'。例如，'最美孝心少年'中有一个农村孩子，这个孩子能够为自己生病的父亲捐献造血干细胞，即使这个孩子的家长并不能为其教育做些什么。而城市中的家长积极支持学校教育，其培养的孩子并不一定能够真正做到'大爱无私'。现代社会的家校关系过于强调精英化，家长被学校裹挟着前进。而那些教育背景受限、较为贫困的家长没有接受家长教育，不配合学校教育就不是一位合格的父母吗？他们能够把'孝'传承给自己的孩子，难道不是一位优秀的家长吗？现在的教育往往只看到了分数，变得精英化，而忽视了人。我们应该匍匐在地上，向这些孩子，向这些脚上沾满泥土的家长去学习。我觉得自己是来受教育的。我们应作为学习者，以学习者的角度而不是以学历的高低去征服家长。"

齐教授的发言振聋发聩，不以成绩的高低去评价孩子，不以学历的高低去评判家长，对待学生和家长，不是去征服他们，不是让他们臣服，而是从思想上去真正尊重、理解、接纳并帮助他们成长，从而实现个体的纵向成长。这才是良性的家校合作。

遇见"随园夜话"，是我教育生涯中无比幸福的一件事。我的幸福来自内心的安然，来自同行的激励，来自大师的引领，更来自远方的呼唤……

与我们同行的人，比我们到达的地方更为重要……

南京市游府西街小学　聂雁云
2020 年 12 月 16 日

辑 三

"随园夜话"的影响力

最是那一份执着与坚持令人感动

虽然没有参与过"随园夜话"班主任沙龙的培训研讨活动，我却常常自豪地说："我是'随园夜话'的铁杆粉丝，那一方热土上上演的精彩，是我梦寐以求的诗与远方。"天长水远，阻隔不了我的向往之情；心心念念，我期待亲自参与一次活动。

一、不遗余力地推介

"在南京市，有一批班主任老师，他们或者来自中学，或者来自幼儿园、小学，还有职教学校的，每个月都会赶赴一场与幸福和快乐牵手的约会——参与南京师范大学班主任研究中心主办的'随园夜话'班主任沙龙活动。这个沙龙每次探讨的内容，都是我特别希望能够聆听到的……"在我们泸州市"心灵桥"班主任工作室的线上线下活动中，我都最爱念叨这个话题。以至于很多老师都说，如果有机会去南京，一定要参与一次"随园夜话"的培训活动，实地体验一把老师们自发参与的培训活动，认真聆听"随园夜话"的大专家们的指导！

"基础教育究竟需要什么样的专家指导？我认为，我们的专家学者可以学习南京师范大学班主任研究中心的教授们，他们默默奉献，无私付出，带领南京市以及周边地区的班主任，积极探索班级管理的艺术，研究当代学生的心智发展规律，引领班主任们朝着专业化发展方向努力前进……"在四川师范大学参加四川省特级教师培训的时候，我作了一个专题发言——"基础教育需要什么样的专家指导"（题目是项目组首席专家定的）。发言过程中，我播放了"随园夜话"第十期经典回顾的幻灯片，讲述了在"那一方让班主任成长的土地"上发生的故事，讲述了可爱可敬的班华教授、齐学红教授等老师的倾情奉献，所有参与培训的特级教师都无比惊奇，特别向往，深受感动。

"班主任专业化发展的必由之路：各级各类培训活动＋主动学习思考（要避免听的时候心动、路上摇动、回家不动的无效学习状态）＋自我成长的需求（发自内心地热爱班主任工作，有在这个岗位上成长的强烈愿望，迷恋孩子的成长过程并乐此不疲——天天闯关，时时新鲜）。希望我们像参与'随园夜话'学习的班主任老师们一样，保持最好的学习状态，积累更多的方法策略，成就那个令自己都吃惊的更优秀的自己！"在无数个班主任培训讲座的结尾，我都会列举"随园夜话"的忠实粉丝们的故事，激励我们的班主任老师珍惜每一次参与培训的机会，努力对照所学所获反思自己的工作，在改变中获得专业成长。

为什么要不遗余力地宣讲"随园夜话"的故事呢？

因为在我的印象中，专家学者带领着一线教师做科研，探讨一些问题，引领一线教师往专业化发展的道路上前进，开展一次、两次或者三次活动都是有可能的，但是能够坚持深入一线十年，带出无数闪亮的班主任明星，还在继续默默奉献的"随园夜话"的专家教授们，真的值得我辈学习！

追随"随园夜话"就是追求更优秀的自己——他们把日常的工作、生活，活成诗与远方的范本；他们把最强烈的自我成长需求，诠释得最为淋漓尽致；他们还把坚持与执着创造的神话，演绎得令人无比动容。

二、"随园夜话"微信群，交流沟通无极限

我对"随园夜话"的向往之情，源自 2010 年参加南京师范大学班主任"国培"班学习的时候，老班朱曦教授眉飞色舞地介绍"随园夜话"的沙龙研讨活动，听得我无比羡慕。后来两次到南京参加班主任培训的时候，都

与"随园夜话"的研讨活动擦肩而过。幸好我加入了"随园夜话"的QQ群，经常悄悄地关注和学习老师们交流的话题，从中吸收了很多有用的智慧之花。2017年参加南京师范大学班主任"国培"班学习的时候，我再次聆听了齐学红教授的讲座，齐老师把我拉入"随园夜话"的微信群。感谢热心的湘江老师等，在每次开展研讨活动的时候，都积极上传研讨活动的照片，也算解了我们远在外地的"夜话粉丝"的馋，让我们有机会在网络上观摩"随园夜话"研讨盛况。

（一）李静的困惑

李静老师加我微信的时候，因为备注里注明了自己是南京的，我毫不犹豫就通过了她的好友请求。

"郭老师你好，我是通过'随园夜话'群加的你，很冒昧加你是因为看到你朋友圈发的文化节照片。因为我们班级也要排练学校元旦晚会的节目，我带班主任第四年，第一次排这个节目，想跟你请教一下，谢谢。"

"你好，李老师。最好能全班都参加活动，可以设计合唱、诵读、手语表演等（全班大部分同学能参与），有艺术特长的学生现场表演书法、绘画、武术、器乐等，节目尾声的时候现场展示。初中三年，大部分同学化妆上台表演的机会并不多，抓住孩子们愿意表现自己的心理特征，完全能够做成凝聚班级向心力的活动。很多孩子平常根本没有机会展现自己的艺术才能，如果利用好这次机会，给他们搭建好展示的平台，孩子们会无比开心的。"我是这样回复李老师的。

"谢谢你这么用心地回答我的问题，确实冒昧打扰你了。我前三年在一个普通中学当班主任，今年交流到一个好学校当班主任，感觉跟带原来的班级一点都不一样。"李老师的回复，一下子就把我说话的欲望勾起来了，因为我也调动过一次，有中途接班的经历。

"新初一吗？接班呢？是有一个适应性问题。"

"初二，一个没有人愿意接的班，我是临时接班的。"

"接班就是恼火，"我继续与李老师交流，"没有人愿意接更好。你周一的时候去做一个问卷调查,看看学生如何评价自己的班级,自己的班级在学校和老师们眼中的地位如何?问卷上一定要设计下列两个题目:一是请学生说说改变班级现状的建议,二是问艺术节要到了,学生们准备用什么方式方法展现班级特色与风采。关于节目形式,你做一些设计,让学生做选择题,朝着你希望的方向引导,只要这个活动做下来了,你带这个班级就不会有问题啦!"

"嗯,好的。我已经接班一个月了,刚把班规班委确定下来……"

那天的交流,就在这样的轻松愉快之中进行着。后来,我在江阳区城区六校联盟班主任培训活动中,引用了我们交流的部分内容,大家对"随园夜话"的活动更是心生向往之情。

(二)韦丽华的加入

韦丽华是我 2010 年首届南京师范大学班主任"国培"班的同学,由于志趣相投,我们几乎一直没有断过联系。我是一个喜欢分享自己生活感悟的人,她是非常好的倾听者和鼓励者。当我晒出"随园夜话"班主任沙龙活动中班华教授、齐学红教授的照片时,她一眼就认出了我们的恩师,问道:"家琴,你从哪里弄来的这个照片?"我告诉她"随园夜话"的活动还在坚持。在无比感动之余,她请我把她拉入群里。这个好学的广西妹子,一直默默地"潜伏"在群里,悄悄地在学习、在吸收,犹如海绵一样。

(三)富顺县的大春老师

不知道为什么我与才子之乡富顺县有那么深厚的渊源。这两年,我已经去过富顺县五六次啦!每次与德育名师、学科名师——富顺县的教育领军人才交流的时候,我都会讲到"做一个自觉的学习者"的话题,然后再次无比自豪地介绍"随园夜话"。大春老师那一期讲座一结束,他就加我的微信:"郭老师,您说的那个'随园夜话',能够再介绍一下吗?"当我为他介绍专家们无私奉献,成员自发参与活动,没有任何行政命令,更不会有人报销差旅费等情况的时候,他无比吃惊地连连感叹:"太不容易啦!佩服,佩服,佩服啊！"应他的反复要求，我把大春老师拉入"随园夜话"学习群。在群里，他深受感动，也在悄悄地坚持学习，坚持积累，并且感叹"一入随园深深爱，乐在其中怯怯喜"。假以时日，如此好学上进的大春老师，一定会更加优秀！

（四）工作室成员陈洁老师出乎意料的要求

陈洁老师是我们工作室数学学科的王牌老师之一，她的班主任工作深得学生的喜爱、家长的信任、同行的赞誉。在我们"心灵桥"班主任工作室里，她是核心成员之一。有一段时间，我很爱转载"随园夜话"学习群的资料，也喜欢在微信群里晒晒自己在"随园夜话"学到的东西。"郭老师，你说的那个'随园夜话'是哪里举办的活动？我能够参与活动吗？""啊！陈三姐，你都是高手了，还那么好学上进，这不把我们甩得更远吗？"我一边打趣陈老师，一边赶紧把她拉入群里。"老师们，你们说自己辛苦得不得了，有时候说不想学习，其实这样说是不对的。我亲自参与'随园夜话'的研讨活动以后，才知道我们每个人都可以有另外一种活法的……"在一次网络研讨的时候，陈老师这样告诉我们"心灵桥"班主任工作室的年轻教师们。在她的描述中，80多岁高龄的班华教授居然有着18岁的青春赤子之心！

虽然我们与南京同行相距很远，但是天下热爱班主任工作的老师们应该是一家的吧！没有共同的热爱甚至迷恋，谁会坚持对"别人家的那个孩子"那么夸赞啊？没有共同的追求和信念，谁会长久、自觉地坚持着自己的探索呢？在致敬之余，我只能这样表态：努力工作，对得起自己加入"随园夜话"学习群。我还真的不敢说自己是"随园夜话"圈子里的人员，毕竟天长水远，没有现场参与活动。

三、学习是最优雅的前行

记得2014年参加南师大班主任培训的时候，我用"学习是最优雅的前行"这个题目为我们"国培"班的学习生活画上了句号。当镶嵌着同学们名字的打油诗出现在多媒体课件上,当我在龙建江、蔡文恭和肖传奇同学的配合下,完成了别开生面的毕业典礼活动的时候,我们其实都蛮激动的。十天的培训时间不算长,结下的友谊之花却常开不败。那一次,我们也与"随园夜话"的学习时间擦肩而过。带着遗憾,带着"种子"的任务,我回到了自己的学校,开始了新一轮的学习心得体会分享。

"亲爱的老师们,一个人走得快,一群人走得远;一个人若想成功,要么组建一个团队,要么加入一个团队。在这个瞬息万变的世界里,单打独斗者,路越走越窄,选择志同道合的伙伴,就是选择了成功。当'随园夜话'班主任沙龙凭着坚持与执着推出自己的系列专著,并且永不停步,继续进行着自己的探索的时候,我们是不是应该想一想,自己究竟应该怎么去追寻教育理想呢?"当我再次展示"随园夜话"沙龙的截图时,老师们真的特别羡慕,也特别希望有机会参与更多有实效的培训活动。

是啊,学习是最优雅的前行!希望借着讲述自己与"随园夜话"的故事的机会,好好梳理自己班主任工作的思路,更加努力地保持最好的状态,也能活出平凡生活中的诗与远方!用坚持与执着,遇见更好的自己!用仰望的姿态、实践的探索,向我最喜爱的老师们致敬!用海绵般的学习劲头,努力向闪亮的班主任同行看齐,争做那个让学生回望的、受学生欢迎的班主任老师!

四川省泸州市第七中学校 郭家琴
2018 年 5 月 16 日

"随园夜话"，遇见你是我的缘

经常想起央金兰泽的一句歌词："遇上你是我的缘，守望你是我的歌。"对我来说，这里的"你"并不是指我生活中的某个人，而是指"随园夜话"——由南京师范大学班主任研究中心齐学红教授发起，以南京市内外部分优秀班主任为成员的一个自发的民间班主任沙龙。

当了 20 年班主任，曾经深深地感到自己的疲惫与无奈，尽管也体会过桃李芬芳的欣慰，获得了这样那样的荣誉，偶尔也会产生成就感.但总的来说自己对工作现状并不满意，总有一种混沌、迷茫、找不到出口的感觉。

这种漫无目标的生活，随着与"随园夜话"的相识、结缘而终结。

结识"随园夜话"班主任沙龙是在 2017 年 10 月。在南京师范大学参加高中骨干班主任"国培"班时，第一天齐学红教授的讲座中就对"随园夜话"有所介绍，已经令我心向往之，晚上打开"随园夜话"的公众号，犹如走进了明亮的教育殿堂，阅读专家讲座内容以及同行交流观点，好似点亮了远方的灯塔，多年来班主任工作中的困惑与迷茫得到了指点，工作有了方向。因为在这里字里行间中洋溢着的是真诚与温暖，只言片语中折射出的是哲理与智慧。这种感觉是我以前作为班主任从未感受到的。而这样的一种激情由不得退却，好似有一股神奇的力量拽着你，让你不断前行。培训十天，也是和"随园夜话"相伴的十天，因为我们的"国培"学习生活简报每天都会发到这里，我们学员在这里畅谈思考和感悟，诉说困惑和疑问，交流观点，描绘教育的美好愿景。每晚，我一边如饥似渴、如痴如醉地读着他人的培训感悟和教育故事，一边小心翼翼地记录下自己的感悟和体会，尽管我知道，这样的感悟并不一定透彻和深刻，但是这份体验让我感觉日子很充实。

自此，可谓与"随园夜话"一见钟情，难得相见不恨晚，唯有珍惜这份来之不易的缘分。从南京回来后，每个夜晚，忙完了一天的事情，我都会打开"随园夜话"公众号，仿佛赴一场心灵之约，领略专家智慧，分享同行经验，思考班主任工作中的问题。从此以后，班主任专业化成长道路上，有了行动方向的指南、心灵栖息的家园。

与"随园夜话"相识至今，在不到一年的时间，我已经收获多多，受益匪浅。

一、专家引领，提升思想

随着对每一期报道的关注，我对"随园夜话"的了解也在加深。我发现每一期沙龙的主题，既明确具体又贴近实际，培训专家语言平实易懂，深入浅出，大处布局，小处着眼。他们的教育观给了我深刻的启示，讲座中一个个鲜活的案例，一段段教育箴言，都给我带来了深刻的启迪。例如，齐学红教授在讲座中说过，要做有故事的班主任，班主任要学会写故事，学会用故事，要学会用故事教育学生而不是靠单纯的道德说教。班华老师分享的两句话让我至今难忘："实践比理论丰富。""教师是一本人格化的书。"黎鹤龄老师认为班主任应该是"以生命关怀与引领为核心价值取向的班级领导者与首席管理者"。

这些教育箴言令我耳目一新。我想这些理论都是他们实践的总结和升华，各位专家学者都是结合实践畅谈他们对班主任工作独到的见解。专家们在研究中国教育现状的基础上，指导我们如何有的放矢，回归教育的本质，将关注学生的身心发展视为第一要务。

在"随园夜话"的引领下，我的思想受到潜移默化的影响，觉得自己在平时的班主任工作中思考得太少，对于学生的长期发展考虑得并不多，更谈不上生涯规划。通过参与"随园夜话"，我的专业理论基础得到加强，在班主任专业化发展的道路上不断进步。

二、同行交流，促进成长

在"随园夜话"沙龙中，每期都有一线班主任老师互动交流的环节。在这个过程中，老师们畅所欲言，互相交流，共同探讨，有什么疑惑都能够得到同行和专家的及时解答，对今后的工作有着非常重要的意义。在这里，我学到了班级管理经验，增添了教育学生的智慧，丰富了班主任工作的阅历。例如，袁子意老师"快人一步，乐在其中"的"快乐教育"理论以及具体的班级活动策划与记录，给了我很大的启示。我在班级管理中借鉴了他的成功经验，取得了良好的效果。我的班级在学校周红旗综合评比中总是名列前茅，我本人也在2018年7月被评为辽宁省"百名创新型班主任"。

"随园夜话"搭建了一个班主任交流对话的平台，拓宽了我的工作视野，犹如一盏明灯为我指明了方向，又像是一扇窗口，使我的班主任工作看得见明亮、闻得见花香。

遇见"随园夜话"，就是遇见了一个教育的宝库，遇见了一间心灵的驿站，遇见了一个更好的自己。

三、随园盛宴，传递正能量

每一期沙龙，经过组织者的精心策划和细心准备，都犹如一场精神盛宴。主讲教师的教育思想中西交汇，典型案例包罗万象，互动环节丰富多彩，给现场的参与者和关注平台的场外教师以强烈的震撼和无限的思考。参与"随园夜话"能够消除职业倦怠，为我们注入新的能量，让我们在班主任工作过程中体验到幸福与完整的教育生活。领略专家智慧，聆听同行释疑解惑，获得锦囊妙计，让我们的班主任工作如鱼得水。比如第80期"随园夜话"班主任沙龙的主题为"班级问题个案诊疗的实践与研究"，让我认识到应该从科学的角度读懂孩子的人格特征，读懂他为什么会有这样的问题，建立共情，找到行之有效的办法。通过建立"问题生"档案，全面了解学生，了解孩子的成长史，才能有的放矢地采取措施，并且根据学生的反馈来调整、修正自己的判断和教育措施。教师也要不断地反思和自省，才能做学生成长中的重要他人。走进学生心灵，了解学生，达到有效沟通，一直是我多年来做班主任追求的理想效果。这一期的"随园夜话"带给了我极大的启发和引导。

结缘"随园夜话"，我仿佛找到了精神家园，在班主任专业化成长道路上，不再迷茫，不再孤单。虽然我现在在班主任工作中也会遇到这样那样的难题，但"随园夜话"总给我一种前行的力量。难题就是课题，要研究课题，破解难题，在此过程中才能不断提升专业素养，实现专业发展。

感谢"随园夜话"，唤醒了我的激情，启迪了我的智慧，为我传递正能量。"遇上你是我的缘，守望你是我的歌"，未来的日子里，我将一直与你同行……

辽宁省阜新市阜蒙县高中　李敬梅

2018 年 9 月 2 日

金陵日记:"随园夜话"伴我成长

2017年10月18—27日,在美丽的古都南京,我参加了为期十天的南京师范大学高中骨干班主任"国培"计划。正是这次培训让我有幸走入了南师大的"随园夜话",找到了班主任心灵的家园。

这十天于我而言,是"国培"的十天,也是我与"随园夜话"初识的十天。

一、相聚金陵,遇见优秀的你

2017年10月19日上午的开班仪式上,各位专家、领导热情洋溢又细致入微的问候和关怀,让我感受到承办单位南京师范大学浓浓的人文情怀。齐学红教授的讲座"知识与修养:班主任核心素养的价值追问"让我聆听到了专家对新时代班主任工作的意义和要求的解读,刷新了我的观念:班主任要和学生之间产生故事,要善于从故事中反思、总结,促成自我风格的形成并能够不断地成长,要学会用故事教育学生而不是靠单纯的道德说教。班主任要学会写故事,学会用故事,做一个有故事情怀的班主任。这使我享受了一场精神盛宴。

下午,袁子意老师的"班会课的设计与实施方案"展现了一位优秀班主任的智慧与格局;季秀珍老师带领我们学员所做的看似轻松的"游戏",其实寓教于乐,迅速拉近了我们学员的距离。

夜深人静的时候,我坐在电脑前,回味今天的所见所闻,思考专家的睿智见解,更加认识到一名班主任老师责任的重大。袁子意老师说:教育的重要作用在于通过各种显性或隐性的教育途径,使受教育者最终实现由"自然人"到"社会人"的转变。教育应关注学生的发展潜能，使学生在思想品行、智能、健康、艺术、劳动技术等方面获得整体和谐的发展。班主任应该成为学生生存的解读者、生活的分享者、生命的启迪者。

根据齐教授的介绍，我还关注并打开了"随园夜话"的公众号，发现几位培训班的同学和实习老师已经把今天的学习情况和所思所悟发到了"随园夜话"，他们的工作效率和敬业精神着实令我非常钦佩。他们精炼的文笔、深刻的感悟和火热的教育情怀更令我深深地折服！在这里，班主任们谈感悟、谈收获、谈理想……在这里，我看不到丝毫的疲惫和倦怠，看到的是对教育的赤诚之心和热爱之情。

培训第一天，已经让我收获多多，又结识了班主任心灵的家园——"随园夜话"，可以倾诉，可以交流，让我的内心溢满欣喜。相信接下来的每一天都会惊喜不断。秋天，是收获的季节。金秋时节，相聚金陵，遇见优秀的你们，我一定收获满满！

二、学在金陵，遇见最美的灵魂

2018年10月20日上午，南京市教育科学研究所儿童发展与德育研究中心教育学博士李亚娟以"家校行动：学生品格培育"为题，给我们带来了一场精彩的讲座。

李博士的讲座分为"为什么要与孩子一起学习""一起学习什么""如何做到与孩子一起学习与成长"三个部分。她的讲座深入浅出，广征博引，有理论，有案例，从家庭、学校、社会的多重角度分析家校联合对学生品格培育的重要性，告诉我们要做与孩子一起学习的行动派，优雅快乐地做一名真实自然的普通教师。我不仅对李博士广博深厚的文化底蕴深表敬佩，更被她激情四射的豪迈性格所折服。事业有成，家庭美满，学识渊博，洋溢着教育情怀，堪称时代女性的楷模！

下午，江苏第二师范学院研究员黄正平教授给我们带来了"班主任基本功：主要内涵与实践运用"的精彩报告。黄教授高屋建瓴地向我们阐述了有关班主任基本功的理论与实践，两个多小时的报告一气呵成，没有休息，一直热情饱满。黄教授的讲座让我感觉如与智者对话，似听哲人教诲，大师，大家，大智慧！

晚上，我虔诚地静等着"随园夜话"的简报更新，如同赴一场心灵之约，特别想了解其他同行的观点。后来，我在"随园夜话"简报上看到了湖北鄂州的孙丹老师这样写道："通过听李亚娟博士的精彩讲座，我的内心犹如蓄势待发的火山，让我认识到加强与学生的情感沟通，刻不容缓！我们作为教育者，一定要走进孩子们的内心，想学生所想。"孙老师和我是一个学习小组的，我决定明天继续和她探讨。显然，"随园夜话"已经成为我们这些来自全国各地的班主任学习、交流、表达的平台。有了这个沙龙，学习和工作的路上，我们不再孤单。

2018年10月25日的培训，我听得格外认真。我准备给"随园夜话"公众号投稿，谈自己的心得，与老师们交流，也希望得到老师们的指导。上午聆听了上海师范大学刘次林教授给我们作的讲座"多元价值下的学校教育"，给了我许多启迪和思考。刘教授的讲座分为五部分："渔比鱼更重要""隐性比显性更有效""公德与私德要分清""加法与减法相结合""尊重先于关爱"，使我懂得了教育方法比教育内容更重要，也反省自己在以往的工作中犯过的以爱之名伤害了学生自尊心的错误，进一步深化了"尊重先于关爱"的教育理念。

下午，金陵中学的苏华老师给我们带来了别开生面的报告——"沟通与相处的艺术"，告诉我们班主任了解学生，才能走进学生的心灵，有效地对学生进行思想品德教育，反之做的都是无用之功。

"将我的真心放在你的手心。"——平时真正关爱学生，建立平等和谐的师生关系，这是有效沟通的前提，不仅如此，还要懂得"先跟后带"的技巧。

"其实我很懂你的心。"——设身处地地站在学生的角度考虑问题，理解他的动机，然后才引导他选择正确的方向。

"我在你身边从未走远。"——细心地观察学生，听其言，观其行，才能知其人。

"我们是相亲相爱的一家人。"——重视班级文化建设,增强班级凝聚力,让教室起到潜移默化、环境育人的作用。

"手拉手,心连心。"——经常与家长沟通,更全面地了解学生,这样才能有的放矢地工作,培养身心健康、品学兼优的学生。

如何走进学生的心灵,做到有效沟通,这也是我多年来做班主任一直思考和探索的问题。休息的间隙,我把我的困惑与思考梳理、书写完成之后,发给了"随园夜话"。

深夜,如期打开"随园夜话"公众号,欣喜地发现我写的文章被选中发表。同时,也看到了其他老师就今天的学习内容所谈的见解和感悟,颇受启发。走进学生心灵,了解学生,达到有效沟通,一直是我之所求。感觉以前一直处于"雾里看花,水中望月"的阶段,感谢"国培"班,感谢"国培"班的老师,感谢"随园夜话",今天的讲解和交流让我有醍醐灌顶、茅塞顿开之感。

三、结缘金陵,珍藏最美的回忆

2018年10月27日中午,带着千种眷恋,万般不舍,我告别了南京,挥一挥衣袖不带走一片云彩,带走的是专家、教授、老师们的教育智慧和金陵城的人文情怀,还有"随园夜话"里的灵感碰撞。我心怀感恩,收获满满。

感谢这次金陵之约,认识了很多优秀的同学,结识了学识渊博、自带气场的专家教授,见识了六朝古都的湖光山色、怡人古韵,还新识了心灵家园——"随园夜话"。在以后的日子里,这些都是我的宝贵财富。培训结束,班主任的专业发展还将继续,"随园夜话"还将继续伴我成长!

辽宁省阜新市阜蒙县高中 李敬梅

2018年10月27日

我与"随园夜话"的缘

写写我与"随园夜话"的故事,我无法像写其他文章一样轻松。因为我害怕自己文字的苍白,无力表达它予我的那份独特的意义。七年,整整七年了,随园,随缘,我与它之间是怎样的缘分啊?这一次就让我心随所想,畅述我们的故事吧。

一、初识:行知路上——唤醒与点燃

2011年暑期,我去参加由南师大班主任研究中心承办的润州区骨干班主任培训班。在浦口的行知小学举行的整整六天的封闭式培训中,专家们给我们带来了一场场精彩的报告,一线优秀班主任热情地与我们共议班主任工作。茶艺学习、篝火狂欢、艺莲苑赏荷、才艺展示……丰富独特的培训内容,全新的培训模式,深深地震撼了我。

就在这次培训中,我第一次参加了"随园夜话"沙龙活动。它是一个极富创意的交流学习平台,仿佛给我打开了一扇窗,让我看到了一个全新的世界。原来班主任工作也可以干得这样有滋有味,原来做一个班主任是这样让人有存在感和幸福感。在这里,我有幸结识了"随园夜话"的创立者齐学红教授。温婉的齐教授总是微笑着看着我们,让我觉着特别亲切。睿智的她,见解是那样独到,发人深省,不知不觉就被深深吸引。在沙龙活动中,我认识了"随园夜话"的铁杆粉丝郭文红、尹湘江、袁子意、潘旭东、杨雪、韦成旗等许多优秀的班主任。无论是教授,还是一线班主任,他们都很有教育情怀,对班主任工作有着特殊的情感——发自内心的热爱。我被深深地感染了。

原本我参加培训是被迫而来的，没想到竟完全投入其中，就像干燥的海绵吮吸着知识的甘霖，我也尽情地享受着这场精神盛宴。那时的我已经工作15年，一直孤独地在班主任工作岗位上单打独斗，默默地埋头工作。时间久了，工作的热情渐渐消退，曾经的梦想也感觉在慢慢破灭。这次沙龙活动中，教授、优秀的班主任们不断地鼓励我们，要让世界听到你的声音——尽情地表达自己的观点。原本还是静悄悄的会场，渐渐地热闹起来，你一言，我一语，大家畅谈起来。谈到激动之时，居然还有老师流下了眼泪。我的内心也有一个声音在大声地说："不要再沉默了，你要发出你的声音，发表你对班主任工作、对教育的见解。"我内心深处对班主任工作的激情慢慢地被唤醒，心中对美丽的教育梦想的希望之光重新被点燃。我知道，不能再沉默下去，我也要做一个幸福的班主任！从那一次沙龙活动开始，我又开始像刚毕业时那样，满怀着对教育的热忱，充满激情地干起来，积极思考，大胆表达，勤于实践。

记得有人说过，人最害怕的是独自行走在黑暗中，找不到前进的方向和可以救助的人。"随园夜话"，第一次相识，她就像黑夜中的那盏明灯，照亮我职业生涯中前行的路，点燃我心中的希望之火，让我重新鼓足勇气，又一次开始执着地追求我的教育梦想。

二、相伴：七年同行——学习与成长

2011年11月，在局领导、教授们的多方努力下，润州区班主任工作室正式成立，我和一群优秀的班主任踏上了共同追寻班主任工作幸福的旅程。这一路，"随园夜话"一直陪伴着我，陪伴着工作室的一群人。

我觉得"随园夜话"很神奇，无论是专家教授，还是一线的老师们，不管路途是否遥远，都能在一个又一个夜晚，不顾疲劳，聚在一起谈论教育的话题。也是因为有了它，许多原本不认识的人成为亲密的伙伴、志同道合的朋友。七年，整整七年，它就像神秘的磁石，一直吸引着我，吸引着我们。

每一次，我和同伴都是兴冲冲而来，意犹未尽而归。来回近四小时的车程，我们丝毫不觉得远，而近三小时的沙龙活动却让我们觉得是那样的短暂。在这里，我看到了一个个独具特色的生命个体，每个人都能自由地思考、自由地表达。在这里，我更多地感受到了团队的温暖、团队的智慧、团队的力量、团队的魅力。倾诉工作上的烦恼，大家都会静静地听，真心地帮他排忧解难。开展专题研讨时，大家都会非常投入地参与，倾情奉献，常常会激起许多智慧的火花。在这里，常有充满欢声笑语的温馨画面，也常有争得面红耳赤的激烈场景。我想"百家争鸣"应是"随园夜话"沙龙活动的本色吧。在这里，凝神思考的脸庞让人动容，同样，微笑的面孔也让人倍感温暖。这里的每个人，都会笑，真诚地笑，发自内心地笑，让你仿佛回到自己的家，卸下所有的包袱，抛掉所有的烦恼，只需要尽情地享受，享受那种美好的感觉。

在这里，有这样的一群人，不知不觉中成了你生命中的重要他人，成了你职业生涯中的助推者。班教授、黎老师，每次见到他们，就觉得特别和蔼可亲。在我心中，他们就是慈祥的长辈，德育工作的前辈，智慧的元老，是"随园夜话"这个大家庭的精神支柱！齐教授，她那甜美的微笑，总是带给我无形的力量，鼓舞着我，激励着我；她那智慧的言语，总是启发着我，指引着我，让我受益匪浅。还有像郭姐一样的优秀班主任，他们的热情感染了我，他们出色的才华让我钦佩。他们一直以来的鼓励，让我坚定地与他们一路同行，也成了"随园夜话"的忠实粉丝。

在这里，当我的笔记本写得满满时，当我与大家热烈讨论时，当我在回家途中与同伴依然饶有兴趣地谈论着沙龙的话题时，我知道，我在学习着，我在成长着。

一直以来，在教授们指导下的润州区班主任工作室、南京的"随园夜话"沙龙，就是我们成长的摇篮。我区工作室的骨干班主任们在学习、实践活动中不断得到锻炼，逐步成长起来。陈萍老师成了我市首批"德育学科带头人"，倪莉、姚晓欢等老师被评上"市优秀班主任"，张慧、黄春华、蔡静等许多老师成了我区的"德育骨干"，我也被评上"市十佳教师""市学科带头人"……这些荣誉证书纷至沓来时，我清楚地明白，这些都已不是我们追求的目标。我们的方向在远方，我们的幸福在于享受与一群志同道合的人共同追求幸福的教育之梦。

三、挑战：编书之路——历练与感恩

三年前，齐教授征询华主任的意见，问润州区班主任工作室的老师们愿不愿意编写《班主任工作十日谈：对话家长》一书，一本用于指导班主任工作的书。对于从未编过书的我们来说，这无疑是一次难得的机遇，同时也是一次严峻的挑战。没想到大家竟欣然同意。为什么？想想，可能真的是缘于两个字——热爱，对班主任工作的热爱。

于是，在齐教授的指导下，在华主任的带领下，我们的八人编委团队踏上了编书之路。为了编写老师们真正需要、具有实用价值的书，我们做了师生、家长的问卷调查；对同类书做了市场调研，进行了学术价值和实用价值的评估。为了形成科学的目录体系，提供较好的编写框架，我们多次来南京向教授请教。每一次，教授都是不厌其烦地指导我们，给我们以信心和鼓励。

我们学习"随园夜话"的方法，组织了十多次"幸福老班"沙龙活动。思维碰撞，激起无数的灵感。我们区将近40名老师的精彩发言均收录在《班主任工作十日谈：对话家长》一书中。

20万字的文稿，大家逐字敲打，自我修改，互相修改，一次、二次、三次……忙得不亦乐乎。编辑部多次审稿，每次都会发来长长的"疑问表"，于是我们一一修改，一改、二改、三改……一来一回，也不知道共有多少回，大家不厌其烦。

2017年11月，《班主任工作十日谈：对话家长》由教育科学出版社正式出版，我们十分欣喜。负责本书的责任编辑杨建伟发来了贺信。我区的庄局长也发来贺信。他说："非常感谢齐教授为我区教师搭建这么好的平台，促使一线的教师不仅勤于实践，还勇于研究，最终还能将成果落地，产生了辐射引领的作用。"镇江市的黄局长、校长们、同事们、朋友们纷纷发来短信祝贺，让我们深受鼓舞。

回首漫漫编书路，感慨万千，用诗句"衣带渐宽终不悔，为伊消得人憔悴"来形容最恰当。人憔悴，却终不悔，因为我们收获的远远不止一本书。

促进了班主任专业成长。为了编书，我们先后购置了很多本相关书籍。大量的阅读学习，提升了我们的理论素养，开拓了我们的视野，让我们更有底气。编书，其实更是学习的过程。可以说，我们在学习，我们在成长！

培育着"教育情怀"。编书，是痛并快乐着的磨炼。它更新了我们的教育观念，让我们更加热爱班主任工作，更加关注学生的身心健康，懂得不仅要用真爱去教育孩子，更要学会理性思考，用科学、智慧去陪伴孩子慢慢成长。

收获了诚挚的友谊。事非经过不知难，我们曾为编书焦虑过、苦恼过。一路走来，在教授、专家、高手们的指导下，团队成员互相鼓劲，彼此勉励，因此大家感受到的更多的是温暖、是感动。我们这个团队因对教育的挚爱走到了一起，大家收获了宝贵的友谊。

孟子说："人之相识，贵在相知；人之相知，贵在知心。"因为与"随园夜话"结缘，所以与那么多"知心"的同路人结缘。感恩相知的朋友们，一路相伴，共同在历练中提升！

我常想：如果没有遇见"随园夜话"，没有结识这里的人，现在的我又会是怎样的呢？是不是还是那个只知埋头干活的教书匠？我又怎能不感恩"随园夜话"？

"随园夜话"是一个唤醒激情、启迪智慧、传递正能量、让人倍感幸福的"家"。即将迎来它十周年纪念日，无以表达内心的感激，就请让我衷心祝愿：祝福咱们这个大家庭，永远"红红火火"；祝福这个大家庭里的每个人，在追逐幸福教育之梦的路上更顺利、更开心、更幸福！

随园，随缘，相聚便是缘。聚是一团火，散是满天星，让我们好好珍惜这份"缘"。

江苏省镇江市南徐小学　凌荷仙

2018 年 10 月 5 日

在国培项目中走进"随园夜话"

生命是一场大的遇合，张晓风在她的散文《遇》中如是说。夫子遇见泰山，李白遇见黄河，陈子昂遇见幽州台，米开朗基罗在混沌未凿的大理石中预先遇见了少年大卫，生命的情境从此就不一样了。我亦渴望生命里的"遇见"，期待着种种发生。2017年，我的生命里出现了一次美丽的遇见——金秋十月，金陵故地，我有幸参加国家级骨干班主任培训。正是在这次培训中，我遇到了南京师范大学的齐学红教授，结识了来自全国各地很多志同道合的朋友，有幸参与了"随园夜话"班主任沙龙活动。在高质量的培训活动和新颖别致的班主任沙龙中，我对于自己从事的班主任工作有了更深刻的思考、更透彻的领悟。带着对班主任沙龙的浓厚兴趣，我查阅了"随园夜话"名称的由来。随园，原来是《红楼梦》作者曹雪芹的祖父曹寅所建的一所园林，地点就在现在的南京师范大学，现在一般把南京师范大学在市区的本部校区称为随园；夜话，是指举行沙龙的时间都是在晚上，是正常教学工作之后的一种探讨。南京市第六中学的陈宇老师是班主任沙龙的主要成员，他据此给班主任沙龙起了"随园夜话"这个名字。可以说，从相遇的那一刻起，我与"随园夜话"班主任沙龙有了关联，班主任沙龙让我找到了一种归属感，获得了不断进步的巨大动力。正是从此时起，我的思考激情被激发了。在现在的班主任工作中，我有了一种反思和质疑的意识，并自觉地不断尝试把它变成一种稳定的素养。

一、我是否具备了班主任的核心素养

作为一名教师，我们听到最多的、讨论最多的是学生的核心素养。大概稍微有心的老师都可以列举出中国学生发展的六大核心素养：人文底蕴、科学精神、学会学习、健康生活、责任担当、实践创新。可是如果问班主任的核心素养有什么，身在班主任职位上的老师们有几位可以从容列举一二呢？至少就我而言，之前并未仔细思考过这个问题。我最初走上班主任岗位，应该说是一个被动的过程，我想有不少同行应该也是如此吧。学校把班主任的工作任务交到了我们手上，我们被动地走上了班主任的工作道路。在被动的班主任工作过程中，我们学习，积累经验，不断成长，努力让自己更无愧于这份工作。然而，班主任沙龙的交流活动让我意识到，班主任也好，家长也好，与学生一样，都需要建构核心素养。因此，我开始关注班主任核心素养的概念表述，思考自己是否具备这些重要因素。

对于班主任核心素养的表述最为具体的是四川省。2014年，四川省在全国率先提出班主任的"六大专业能力素养"，包括班级建设能力、指导个体发展能力、课程育人领导力、家校共育协同能力、心理健康教育能力、网络媒介育人能力，以此标准来衡量自己，欠缺甚多。因此，我开始有意识地通过学习来提高。比如在心理健康方面，我阅读了《班主任心理辅导技巧》《班主任工作中的心理效应》《幸福的科学——积极心理学在教育中的应用》等心理学方面的书籍。之所以首先提高自己在心理学方面的素养，是因为我觉得教师职业的特殊性在于教育须时刻关注学生的成长和发展，这关乎的是一个个活生生的生命个体。因而，班主任要掌握学生心理变化规律，真正了解孩子的心理，这非常重要。

可以说，正是在班主任沙龙的带动下，我不断学习、不断反思、不断提升。

二、什么是真正的师者之爱

每一位热爱班主任工作的老师，我相信都是对学生心怀赤诚之心、关爱之心的。融洽师生关系的基础也恰恰是师者之爱。然而，正是在师者之爱方面，我们暴露出令人忧虑的状况。卢家楣教授对某直辖市所属的13个区县

32 所中学的 1892 名教师、5414 名学生进行了关于师爱现状的调查,结果表明:教师自认为爱学生的占 48.99%,学生感受到教师的爱的只有 5.14%。面对这个令人感到冲击的调查数据,作为班主任,我们不能不深刻反思:为什么我们的认知与学生的感受之间出现了如此大的落差?

反思自己的班主任工作经历,似乎也出现过这样的情况。在我刚刚毕业的这一届学生里,有一个非常刻苦认真的女孩儿,我一直觉得她的努力程度与学习成果之间不对等。在不断帮助她分析问题的同时,我想可以给她安排一个学习成绩更好的同桌带一带她。作为班主任,我是怀着百分百的好意做这样的安排的,我以为这是一件对她有百利而无一害的事情。然而,两个月之后,这个女孩找到了我,请求我给她换一个同桌。原因是现在的同桌让她倍感压力,同桌做题速度很快,而她相对而言思维要慢很多,这样的对比让她压力很大。我当时很自责,现在想来,我的出发点不能说不是师爱,可是我这样的师爱并没有给孩子以幸福感。那么,这样的师爱就是无用的。真正的师者之爱,绝不是我们自以为是的爱。正是这件事带给我的反思,让我在此后的工作中更注重与孩子们的心灵交流,关注他们真正的需要,给予他们真正的帮助。

爱绝不是单向付出。当我们理性科学的爱真正抵达孩子们的心里,我们就会收获满满的感动与幸福。2018 年 6 月,我又送走了一届学生。8 月,孩子们在我迎接新一届的学生之时,用满满两大黑板的文字表达他们的真情与祝福,制作了短视频《马路里》。除了感动,我更感欣慰,三年的朝夕相处,我的孩子们不仅取得了优异的成绩,更培养了温暖的情怀和良好的情商。这一刻,我深感为师者的幸福,为班主任的幸福。杨启光教授说:我们总是教育学生要感怀师恩,我们收到无数来自学生的真诚感谢,却从来没有想过,我们作为教师,最应感谢的恰恰是我们的学生。每一个教师的成长与发展全是源于他的学生,我们以为是我们在成就学生,其实恰恰是学生成就了今天的我们。我牢牢记住了杨教授的这句话:幸福源于感激而不是被感激。

尽管南京国培结束了,但我并没有远离"随园夜话"班主任沙龙。通过微信，我不时关注沙龙又举办了什么活动，也会督促自己时时反思班主任工作。卞毓方在《人生的契机和姿态》一文中说："命运的转折，常取决于外界一个微小的引诱或刺激。"与"随园夜话"班主任沙龙的结缘，成为我职业生命的一个重要转折。

班主任工作任重而道远，我希望自己追随"随园夜话"班主任沙龙的步伐，不断走在学习提升的路上。

内蒙古赤峰二中　马秀娟

2018 年 8 月 28 日

辑 四

与"随园夜话"一起成长的研究生团队

一事精致,从一而终

——记"随园夜话"的那些日子

暑去秋来,朗朗秋日吹来丝丝凉风,我打开电脑中的专属文件夹,翻看着与"随园夜话"一起走过的点点滴滴,珍贵的回忆就像深海拾贝般涌现在我的眼前。南京是我深爱的城市之一,南师大是我求学历程中的精神家园,而"随园夜话"更是见证了我三年的随园时光,我也在每一次的班主任沙龙中不断获得成长的力量。

2008年9月,我进入南师大学习,每个月第一个周四的晚上,南京市各小学、初中、高中的班主任会自发来到南师大的田家炳南楼研讨班主任工作,沙龙的形式轻松自由,大家为沙龙取名为"随园夜话"。那时候的"随园夜话"主要由上一届的师姐在组织和协调,而我们从仙林校区赶往随园校区,更多的是学习与倾听。还记得2008年9月4日,我在田南楼602会议室参与了第一次"随园夜话",主持人是南京六中的陈宇老师,他被学生和家长亲切地称为"老板老班"。极具个性的陈老师抛出了"家校沟通与合作"的主题,他用幽默的语言讲述着他与学生的真实案例,展示着他是如何机智地化解了一次又一次的"教育难题"。在座的各位班主任也发言分享自己在家校沟通中的新方法,齐老师在最后的总结中提炼了精辟的见解,大家在欢声笑语中积极思考与讨论,这是多么惬意的夜晚啊。原来"随园夜话"这么有趣!接下来的日子,大家围绕着"班主任的个性化发展""探寻真正的教育""如何选择班干部""如何面对班级中的失窃事件""中学生恋爱问题""班主任与任课教师的沟通与合作""青少年上网问题面面观""班级文化的营造"

等主题展开了热烈的讨论，为我们奉上了一道道"精神大餐"。这些来自南京市一线的中小学班主任顾不上白天工作的辛苦，晚上准时出现在沙龙会场，这份热情，让我感动！

2009年9月，我们搬到随园校区，此后我开始承担"随园夜话"的服务工作。一方面要与每期沙龙的主持人老师确认主题，另一方面还要布置沙龙会场以及现场摄像，沙龙结束后还要整理材料分类归档。这是我与"随园夜话"走得最近的一年，也是我成长得最快的一年。我不仅可以近距离聆听睿智博学的专家发言，如班华老师、高谦民老师、李镇西老师、赵福江老师、黎鹤龄老师、齐学红老师；还可以在沙龙结束后向热情专业的班主任老师们请教，如吴虹校长、尹湘江老师、袁子意老师、李菁老师、郭文红老师、韦成旗老师、吴申全老师。还记得2009年9月24日"随园夜话"第十期的那个夜晚，吴虹校长精心策划了"随园夜话"一周岁生日会，当她从门外推进来一个超大的生日蛋糕时，所有人都欢呼鼓掌。正如吴校长所言："总有一种温暖让我们感动，总有一种幸福让我们分享，总有一股力量让我们前行，总有一方土地让我们成长。""随园夜话"班主任沙龙就像我们共同的孩子，我们用爱和奉献陪伴她一天天长大。"随园夜话"将迎来十岁的生日，十年的追寻，是一群有情怀、有理想的教育者的坚守，这份执着，让我感动！

2010年9月，由于毕业论文和要找工作，"随园夜话"的组织工作交给了下一届师妹。在一届届的传承中，"随园夜话"的初心从未改变。"随园夜话"是班主任们的精神共同体，不仅可以为大家提供交流对话的平台，拓展班主任工作的视野；也可以分享探讨自己工作中的经典案例和实战经验，提高班主任工作的业务水平；还可以将沙龙中的文字和资料汇编成册，出版发行，促进和引领每位班主任的专业化发展。还记得2010年5月6日，来自南京市第十三中学的潘旭东老师以"班主任的角色与工作内容"为主题进行了分享与汇报。让我感到惊喜的是，主持人让我们几个研究生也发表自己的看法。当他把话筒递给我们的时候，我看到了齐老师向我们投来了鼓励的目光。齐老师说："'随园夜话'的所有参与者都可以平等对话，都可以表达自己的观点。"这是由我们组织的最后一次"随园夜话"，接力棒即将递给下一届的师妹。我们在齐老师的带领下参与到"随园夜话"的工作中来，个人能力得到了极大的提升与锻炼，相互帮助，相互温暖，相互激励，这份情谊让我感动！

"随园夜话"自 2008 年 8 月以来已举办了 80 多期，越来越多的班主任老师们走进沙龙加入大家庭中来，沙龙的形式更多样、层次更深化、活动更丰富。除了保留过去经典的"夜话"形式，还加入了观摩活动、外出交流甚至参观考察、引入名师名家等元素，足迹深深，硕果累累。沙龙的主题也紧跟教育热点，如劳动教育、教师惩戒权等。离开南京已十年，我虽然无法现场参加"随园夜话"，但肯定不会错过"随园夜话"微信公众号每一期推送的消息，因为那曾是陪伴我成长的精神家园！

一事精致便已动人，从一而终就是深邃。"随园夜话"以其高品质、学术性、专业性的标准，为参与沙龙的成员们营造了开放、多样、个性的成长环境。她就像灯塔发出的一束光，守望和照亮着班主任成长的道路，引领并陪伴着班主任不断前行的方向，温暖并鼓舞着所有的人追寻教育的理想，无畏远方道路的艰难与困阻。衷心祝愿"随园夜话"越办越好！

2008 级硕士　颜雪艺

2018 年 10 月 1 日

遇见"随园夜话"的第二个年头

陆陆续续收到各位老师"与'随园夜话'共成长"十周年纪念文章，得以在第一时间饱读一番，愉悦之余，更多的是一份感动与拳拳敬意。各位老师与"随园夜话"相遇、相知、相守的平凡故事令人感动，而这本身就诚意浓浓的情感，在十年的生命长河中显得愈加厚重。参与沙龙创始的老师、中途加入的老师、南京本地的老师，抑或远方的老师等，他们从不同侧面，在不同时间，分享了自己遇见"随园夜话"后发生的种种变化。故事大不相同，感受也因人而异，不变的是在此间收获的情谊，与"随园夜话"共同成长的经历，而我的敬意源于所有老师对于教师职业的态度，对自己身为人师的解读与践行精神。

如果说专家、老师们是"随园夜话"的实际参与者，那么我的身份便是"局内人"与"局外人"的混合体。作为"局外人"，我尚且还是学生，对身为人师并没有实际的经验之道，一直以来并不能真正地参与到沙龙的研讨中，更多的是竭尽所能为各位老师创设舒适安静的沙龙研讨环境，同时做好各方联系，确保各项信息能够及时有效地互通。作为"局内人"，我参与了"随园夜话"成果生成的各个环节，花费大量时间整理的沙龙材料成为后期书籍出版的主要文本。同样，身处其中，我与沙龙中的老师建立了深厚的友谊，在生活学习中，他们已然成为我生活的重要部分。作为"随园夜话"的会务成员，同样作为一名学生，我想从这两个不同的层面分享自己在参与过程中的经历感受与所思所想。

如何做一名教师？一直以来，教师都是我的职业选择之一。大四下学期，我一手准备考研，一手准备考教师，在我看来这是保险的做法，因为当教师并不差，也是家人一直以来的期望，更重要的是我可以当上教师。如愿考上研究生，经常被人询问：考博吗？你这个专业以后做什么呢？我的回答永远是：目前还不确定，可能当老师吧。当时自己对教师这个职业没有太多的荣誉感与自豪感，但也不至于觉得太差，丢面子。所以说，一直以来，我只是把教师当作最后的一个选择，最持久的一个"备胎"。2017年10月26日，师姐带我参加了第74期"随园夜话"班主任沙龙，也正是这个时候与她遇见，与成员中的各位老师结识。从这时起，我对于教师的认识开始有所变化，对于自己是否成为教师、成为怎样的教师有了更深的思考。

截至目前，共参加了七期"随园夜话"，每次坐在教室后面做记录时，最直观的感受是新手教师的慌乱、忙碌、焦躁与优秀教师的从容、智慧、创新形成鲜明的对比，冲击着所有的感官与大脑思维。"我好像只能像新手教师这样度过漫长的教师生涯。""这太令人钦佩了，怎么可以这样当老师，我也要这样做一名教师！"想到前者，心情立刻灰暗起来；想到后者，内心充满了向往，学习上得到莫大的鼓励，我为了成为这样的教师在不断努力。我想做郭文红老师一样的教师，我要像罗京宁老师一样去做教师。

如何做教育，做一名教育者？当我幸运地加入齐门大家庭，这个问题便伴随始终，并在与齐老师等一行教师的相处过程中，对于这个问题的感知与思考变得更加深入。毫无疑问，他们是我职业生活的引领者，更为重要的是，他们时刻在赋予我精神养料。可以共同见证"随园夜话"十周年是幸运、浪漫的事。感谢"随园夜话"，感恩您——我亲爱的齐老师，生命中有您真好。

2017级硕士　仝磊

2018年9月25日

我与"随园夜话"的小幸运

在来到南京师范大学之前,我只知道大家称这里为"东方最美校园",而来到随园校区之后,才发现与随园的相遇真的是一种难以言喻的缘分。在这里学习的一年里,随园带给我的是一份幸运,更是一种幸福,还有沉甸甸的收获与成长,因为在这里,我遇见了每月一次的"随园夜话"班主任沙龙。

自入学以来,我有幸参加了八期的沙龙活动。时间一晃而过,第一次参加"随园夜话"的场景还深深地印在我脑海里,仿佛就在昨天。第一次参加"随园夜话"沙龙是在2017年10月26日,那是第74期,举办地点在南京外国语学校本部,主题是"带班模式说之建模认知"。到南京外国语学校之后,我对眼前一切新奇的、未知的世界充满了好奇与渴望,迫不及待地想要去了解、去学习、去收获。这是我第一次参加这样的沙龙活动,也是第一次感受到老师们对班主任工作的热情。如果说要用几个关键词来总结"随园夜话"带给我的收获,应该是精神引领、智慧诞生、开阔眼界。

若说起精神引领,我想所有参加过"随园夜话"的老师们都会第一个想到班华老师——"随园夜话"的精神领袖。班老师今年已经80多岁了,但是每一次的沙龙活动,不管在哪个学校举办,他都坚持参加。曾经听到来参加"随园夜话"的老师们这样说:"班华老师都能坚持参加每一次沙龙活动,我们又还有什么理由和借口不坚持参加呢?"的确,班老师用实际行动为老师们,也为我们这些学生树立了榜样,这种坚持学习的精神将使我们受益一生。对我而言,"随园夜话"带给我的精神引领不仅源自班华老师,还有我的导师齐学红老师。"随园夜话"班主任沙龙活动能坚持举办十年,不仅源自齐老师坚持不懈的精神，更源自齐老师对学校、对班主任研究的热爱。我从齐老师的身上不仅学到了坚持，更感受到了她做班主任研究的幸福感。因为真正热爱，所以感觉幸福，我想这是我以后向往的工作状态。当然，持续十年的"随园夜话"更离不开每一位参与老师的坚持与坚守，无论是怀孕七个月还坚持全程站着主持沙龙的顾青老师，还是为沙龙策划与安排主题的金陵中学的尹湘江老师，又或者是专程从上海、常州等地方到南京来参加沙龙的各位老师们，还有南京本地的班主任老师们也是在结束一天辛苦的工作之后，可能连晚饭都来不及吃就直接赶到我们"随园夜话"的现场。所有老师带给我的都是一种精神上的引领——对待学习和工作的热情与热爱，对待教育工作的坚持与坚守，都是值得我努力学习的精神。

"随园夜话"让我有幸感受智慧诞生的过程。每一期的"随园夜话"都是智慧诞生的过程，来自不同地区、不同学校、不同学段的老师们聚在一起，大家围绕着一个主题发表自己的观点，陈述自己的案例，分享自己在实践中创造的智慧，供在场的老师研讨与学习。在每一期的沙龙讨论中，不仅不同学校的老师之间在互相学习，还有班华老师、齐学红老师的精彩点评为老师们总结升华智慧的成果，提纲挈领，画龙点睛。而作为研究生的我们，主要承担的就是记录智慧诞生的过程。每一期的"随园夜话"，我们都会录像并保存，沙龙结束后将录像整理成文字为班主任方面的研究储备素材。尽管这些事情看起来都是很简单的整理工作，但我们在这个过程中拥有了学习的机会，通过这样的方式为"随园夜话"献出自己的努力，也让我们有小小的成就感。

对我个人而言，在学校课堂里学习的理论知识只是一部分，"随园夜话"为我这样在象牙塔里学习的学生架起了一座通往实践教学场域的桥梁，通过这样的机会与平台让我能开阔眼界，丰富经验。通过"随园夜话"，我有幸接触到了很多南京市一线的班主任老师，也从老师们那里获得了很多一线教学的实际案例，有的案例值得学习，有的案例值得反思。这些都是我们学习和思考的新的增长点，也使我们的学习与实践紧密相连。此外，每一期的沙龙活动都为我提供了学习的机会，我们可以去南京市不同的学校，感受不同的校园文化，品尝不同学校的美食，每一件事都让我觉得自己真的很幸运，也很幸福。

"随园夜话"也是我研究生学习期间遇见的小幸运，期待这份幸运能让未来的自己坚持目标，在工作中找到幸福感，也能保持学习的毅力与恒心。"随园夜话"也让我明白，未来不管是做一名一线班主任，还是做学术研究，坚持的态度都是最重要的。

2017 级硕士　黄玲

2018 年 10 月 2 日

那些年，我被安排的座位

——观第 81 期"随园夜话"沙龙有感

作为一名学生，我人生的大部分时光是在校园里度过的。从小学、初中直至大学，班级是我学习生涯中所待时间最久的地方。就我个人经验来说，座位编排在不同的时间对不同的人有不同程度的影响。

我经历最多的是秧田式的座位编排方式。受到传统教学观念以及班级人数过多等因素的影响，这种方式是最经济便利的，既节省空间，又便于教师在课堂上的管理控制。但是对于我来说，狭小的空间、拥挤的桌椅、堆满的书籍，给我的性格成长产生了很大的影响。终日将头埋在书堆后，不能与老师近距离交流，就连与前后左右的同学都无甚交集，所以更加沉默，性格越来越沉静。在调整座位的方式上，也经常按照成绩高低及身高标准。因为身高较低，我会被安排在靠前的位置，而成绩不佳则决定我被安排在靠后的位置。无论在哪个位置，我都觉得我不再是个学生，而是一个标签化了的物，所以对座位也渐渐失去了追赶的兴趣。

在高中的时候，由于学校进行革新，在两三个小班内实行座位编排模式的实验。我开始接触分组式的座位安排。六个人一组，三个人面对面而坐。六个人中，两个 A 等学生，两个 B 等学生，两个 C 等学生。A 等学生坐中间，B、C 等学生坐两边，很不幸我是 C 等学生，每每坐到我的位置上，我就想到我是 C 等学生，是需要帮扶的对象，而我的好朋友却是我不可触及的 A 等学生，很伤自尊；之后，是将 C 等学生安排在中间，A、B 等学生坐在两边，为了更好地帮扶 C 等学生。

渐渐地，我就认为自己是 C 等学生了，这个标签一直如噩梦般缠绕着我的高中生活。

过去的学习生涯，我一直承受着被安排的命运，从来没有过思考，没有过反抗，而研究生阶段的第一场"随园夜话"沙龙却如警钟般敲醒了我。作为学生，作为承受者，我们并没有什么力量去改变，只能提升自己适应这些座位编排模式与调座位的方式；但作为研究者，为了学生身心的发展，为了教育事业的发展，我们就必须要明确它们的存在、演变进程以及优劣利弊，以便适时改变。

2018 级硕士　李亚蒙

2018 年 9 月 28 日

"随园夜话"感想

9月25日晚,第81期"随园夜话"开始了。这是我进入齐门参加的第一期"随园夜话"。倾听着优秀的一线教师们的经验分享,感受着他们思维碰撞激起的火花,我收获了不少。

第81期"随园夜话"的主题是"解密班级物理空间——班级教室布置和学生座位的社会学思考"。去年在重庆支教的一年中,我当了半年的班主任,确实也曾为班级座位设置而感到困扰:谁和谁坐在一起会比较合适;某某同学个子比较高但视力又不好,要不要把他往前排调整;讲台两边要不要设置专座……当时作为一名新手教师的我,面对这样的困扰,委实有些束手无策,所以只是沿用了前一位班主任老师的座位排序,进行了微调,从未进行过深入的思考。而这次的"随园夜话"给了我非常大的冲击。座位是为谁而排?为学生学习还是为老师管理?实际工作过程中,教师是按照什么标准来安排座位的?如何在教室里营造出适合学生学习的氛围?传统插秧式座位分布对于学生会有什么影响?实际上,老师们对教室空间的研究还是非常少,对于教室空间布置往往都是按照新老教师间口口相传和自己体会到的经验来安排,而非依据科学的理论。缺乏理论的支持,会使得新入职的教师在安排座位方面遇到非常大的困难,最终无非最简单粗暴地按照身高来进行插秧式排列。

可能是受"悬梁刺股""凿壁偷光""囊萤映雪"等传统典故的影响,我们十分推崇苦读、苦学,认为要"吃得苦中苦",很容易忽视学生座位的舒适度:桌面不够大,座位位置太小,桌椅高度不匹配,桌椅不符合人体力学……这些也都是在提到"班级物理空间"时必须想到的因素。实际上,苦读苦学的精神与为学生提供更为舒适的学习环境并不矛盾。

"随园夜话"总是能提出非常有意思的议题，而各位参与者旁征博引、舌绽莲花，更是为之增色不少。与其说参加"随园夜话"能让人学到不少，不如说"随园夜话"能引起我们很多的思考。"随园夜话"不单单是教师们日常教学生活的总结，它还为我们打开一扇门，一扇思考之门，这扇门究竟通向哪里，就留给每个人自己去探索了。

2018级硕士　束雨

2018年10月5日

遇见"随园夜话",发现魅力教师

2018年9月25日,"随园夜话"第81期如期而至。这是我第一次参加"随园夜话",满心期待却又心生忐忑。期待的是能够聆听班华老师、齐学红老师,以及优秀的一线教师们的先进教育观点、教育理念;忐忑的是第一次做"随园夜话"的会务人员,做起事来笨手笨脚,不能很好地完成本职工作。所幸,参会的老师们都是如此暖心,给老师们斟茶倒水,他们都会热情地道一句谢谢,有的老师甚至起身感谢!如此种种,真正让我见识到"身份越高的人,身段放得越低",真正让我领略到什么是大家风采!

这期"随园夜话"的主题是"解密班级物理空间——班级教室布置和学生座位的社会学思考"。参会的教师们围绕主题纷纷发言、讨论,他们的见解来自教学实践中积累的智慧,也说出了很多一线教师的问题和困惑。这些话语对我来说,比理论知识的冲击力更大!一线教师发言结束后,班华老师和齐学红老师进行了总结。80多岁的班华老师,真的是让人心生敬佩!从晚上六点多一直坚持到九点多夜话结束,这期间还与其他教师一起讨论,一起分享。老一辈先生在教育领域的辛勤耕耘,真的是我们后辈最应该学习的地方!

会议结尾,齐老师感慨,以前的"随园夜话"全靠经验,空着手来,这期以后,就需要有研究的意识了。从这一期开始,"随园夜话"将开始下一个十年的征程,它将走向哪里、进入怎样的研究阶段,我们要明确自身的使命感与责任感。漫漫十年,"随园夜话"在一众教师的坚持努力下大放异彩。

每期的精彩议题，都是教师们从自身的教育教学实践中生成的，大家一起讨论如何解决问题，如何让自己在教育实践中做得更好，每期如此，唯有真正拥有教育情怀的人才能坚持十年！

2018 级硕士　彭瑶

2018 年 10 月 6 日

附录一 "随园夜话"班主任沙龙十年一览表

序　号	时　间	地点	主持人	主　题	讨论内容
第0期	2008.8	南师大教科院	尹湘江（金陵中学）	和班主任谈"恋爱"	如何面对学生恋爱现象
第1期	2008.9.4	南师大教科院	陈宇（南京市第六中学）	家校沟通与合作	家校沟通新方法
第2期	2008.10.9	南师大教科院	袁子意（建邺高中）	班主任的个性化发展	·何谓有个性的班主任 ·个性化班主任的生存困境
第3期	2008.11.6	南师大教科院	赵和春（南外仙林分校）	探寻真正的教育	·真正的教育是什么 ·目标育人法——追求真正的教育
第4期	2008.12.4	南师大教科院	韦成旗（南外仙林分校）	如何选择班干部	·什么样的学生适合当班长 ·班长如何产生
第5期	2009.2.12	南师大教科院	郭文红（芳草园小学）	如何面对班级中的失窃事件	·失窃事件应不应该处理 ·面对失窃，是把它作为教育资源还是关注破案
第6期	2009.3.5	南师大教科院	陈宇（南京市第六中学）	中学生恋爱问题	·对学生恋爱问题的基本态度与处理方式 ·学生恋爱问题诊断
第7期	2009.4.2	南京市第二十四中	陈宇（南京市第六中学）	班主任与任课教师的沟通与合作	·班主任与任课教师相处的问题 ·班主任如何与任课教师沟通

续 表

序 号	时 间	地 点	主持人	主 题	讨论内容
第 8 期	2009.5.7	南京市六中	陈宇（南京市第六中学）	青少年上网问题面面观	·如何看待学生上网 ·班主任如何正确引导学生上网
第 9 期	2009.6.4	南师大教科院	袁子意（建邺高中）	班级文化的营造	如何营造班级文化
第 10 期	2009.9.24	南师大教科院	史菁（南京市第二十四中学）	想说爱你也容易	·后进学生的管理与沟通 ·尊重与理解
第 11 期	2009.10.29	南师大教科院	尹湘江（金陵汇文学校）	家长学校	·家长学校是什么 ·家长学校的现状分析 ·家长学校的发展探讨
第 12 期	2009.11.5	南师大教科院	孙瑛、徐向明（南外仙林分校）	班主任的批评权	·对《中小学班主任工作规定》中班主任批评教育权的看法 ·班主任能不能批评 ·批评该如何开展，何谓适当方式
第 13 期	2009.12.3	南师大教科院	顾伏林（南航附中）	主题班会的设计	·主题班会从哪里来 ·主题班会可采取哪些形式 ·"给生活一个主题"系列主题班会
第 14 期	2010.1.14	南师大教科院	吴申全（南京市莫愁中等专业学校）	学生考试作弊	·学生考试作弊是为了什么 ·考试过后如何对待作弊学生
第 15 期	2010.2.4	南师大教科院	袁子意（建邺高中）	班主任沙龙的发展定位	·小组合作性课题研究 ·班主任专业化发展及成长规律
第 16 期	2010.4.1	南师大教科院	王千（南京市第六中学）	班主任专业化成长初探	·班主任专业化发展影响因素探讨 ·班主任专业化成长周期 ·关于班主任专业成长的问卷分析

续表

序号	时间	地点	主持人	主题	讨论内容
第17期	2010.5.6	南师大教科院	潘旭东（南京市第十三中学）	班主任的角色与工作内容	·班主任角色的主要特征 ·班主任的工作内容 ·学习型班集体建设的目标
第18期	2010.9.9	南师大教科院	尹湘江（金陵中学）	读书与教育	·介绍读书历程，分享经验 ·探讨读书对教育的影响
第19期	2010.10.15	南京市第二十四中学	袁子意（建邺高中）	享受教育——优秀班主任的专业化成长	·介绍"随园夜话"的发展与进展 ·谈论"自我评价的发展阶段"
第20期	2010.11.4	南师大教科院	吴虹（南京市第二十四中学）	音乐与教育	·音乐与教育的关系 ·音乐具有哪些功能 ·如何发挥音乐的优势促进教育发展
第21期	2010.12.7	南师大教科院	袁子意（建邺高中）	绘画与教育	·播放沙画的视频，感受绘画 ·在绘画中体会快乐及其对教育的启发 ·漫画与教育的关系
第22期	2011.1.4	南师大教科院	陈宇（南京市第六中学）	诗歌与教育	·教育与诗及教育的诗意 ·什么是诗，什么是教育 ·谈论是否有一首诗或者一位诗人对你产生影响
第23期	2011.3.1	南师大教科院	杨学（南外仙林分校）	心理与教育	·心理和教育的关系 ·心理教育的重要作用
第24期	2011.4.19	南京市行知小学	杨瑞清（南京市行知小学）	生活与教育	·介绍了行知小学关于生活教育的相关经验 ·如何把生活与教育相结合 ·生活教育的重要意义

续 表

序 号	时 间	地 点	主持人	主 题	讨论内容
第 25 期	2011.5.17	南外仙林分校	韦成旗（南外仙林分校）	交往与教育	·班主任专业委员会授牌仪式 ·班级人际交往的教育性质（谈论一个关于交往的案例） ·各种形式交往的意义有哪些，班级人际交往给学生带来哪些影响
第 26 期	2011.6.15	建邺高中	袁子意（建邺高中）	体验与教育	·班主任专业委员会挂牌仪式 ·头脑风暴课——关于气球的特殊体验
第 27 期	2011.9.13	南师大教科院	杨圆圆（南师附中新城初中）	德育与美育	·如何认识德育与美育的关系 ·案例分享与案例诊断 ·德育与美育对教育的影响
第 28 期	2011.10.12	镇江实验学校魅力之城	张慧（镇江实验学校魅力之城）	班主任自我成长与规划	·班主任需不需要自我成长与规划 ·班主任成长处于哪个阶段 ·如何制订自我成长规划
第 29 期	2011.11.1	南师大教科院	韦成旗（南外仙林分校）	科学与教育	·南师附中江宁小学部介绍科学教育的经验 ·黎主任介绍了"班主任与小课题研究"
第 30 期	2011.12.9	南师大教科院	袁子意（建邺高中）	班会课的理论与实践	·概括自我对班会课的理解 ·班会课的相关理论知识 ·现场设计班会课

续 表

序 号	时 间	地 点	主持人	主 题	讨论内容
第31期	2012.3.9	南外仙林分校	朱曦（南京师范大学班主任研究中心）	班主任情感能力漫谈	·班主任个人的情感故事 ·班主任情感中最宝贵的是什么，班主任应该具备哪些情感品质
第32期	2012.4.6	南师大教科院	孙瑛（南外仙林分校）	家庭与教育——谈班主任与家长的有效沟通	·家庭与教育的关系是什么 ·班主任与家长有效沟通的方式有哪些
第33期	2012.5.4	南京市第二十四中学	吴虹（南京市第二十四中学）	仪式与教育	·如何在教育中运用仪式 ·班主任需要习得的仪式有哪些
第34期	2012.6.20	南师大教科院	殷飞（南京师范大学）	班主任家校合作中的问题与对策	·班主任家校沟通合作中的问题有哪些 ·班主任家校沟通的有效策略有哪些
第35期	2012.9.18	南师大教科院	袁子意（建邺高中）	四周年庆典	
第36期	2012.11.1	金陵中学	尹湘江（金陵中学）	教育听谁的：教师、家长还是学生	·教育听谁的好呢？应该听谁的？为什么要听他的呢
第37期	2012.11.20	南京市第二十四中学	罗京宁（南京市第二十四中学）	关于学生日记	·学生日记？我们可能僭越了学生的私人空间 ·如何做学生成长手册 ·班级日志
第38期	2012.12.21	南师大教科院	姚晓欢（镇江润州区班主任工作室）	好孩子坏孩子——颠覆传统后的学生评价该怎么办	·你认为老师对班里的学生有没有评价？如果有，你认为怎么评价 ·在教育生涯或者自己的成长过程中，印象最深的一次评价是什么

续 表

序 号	时 间	地 点	主持人	主 题	讨论内容
第 39 期	2013.1.15	南师大教科院	朱曦（南京师范大学班主任研究中心）	德育方法：换汤与换药——新时代、新教育理念背景下的德育方法漫谈	·到底什么是道德问题 ·我们的学校到底有没有德育 ·我们学校到底要不要德育
第 40 期	2013.3.12	南师大教科院	郭文红（芳草园小学）	榜样的力量——从学雷锋说起	·雷锋精神究竟是什么 ·学雷锋是搞运动吗？是搞形式吗 ·教师怎样为学生做好榜样
第 41 期	2013.5.7	南师大教科院	张慧（镇江润州区班主任工作室）	汇聚正能量，心态更阳光	·什么是学校 ·我们的孩子为什么要来到学校 ·学校应该是什么样的地方 ·学校应该对谁负责任
第 42 期	2013.6.18	南师大教科院	陈宁（扬子二小）	儿童节为谁而设	·为什么设置儿童节 ·学校教师在儿童节这一天做了什么 ·儿童需要什么样的儿童节
第 43 期	2013.10.9	金陵中学	尹湘江（金陵中学）	对话学校，公开班会	·金陵中学在德育方面的一些想法和做法 ·自己对公开班会的认识 ·班会课是什么样子的
第 44 期	2013.11.21	紫东实验学校	周卫红（紫东实验学校）	班会课的导入	·什么是班会课的导入 ·你认为班会课的导入是什么样子的 ·怎么做好班会课的导入
第 45 期	2013.12.20	扬子二小	陈宁（扬子二小）	基于目标的微型班会设计	·什么是微型班会课 ·怎么基于目标设计班会课

续 表

序 号	时 间	地 点	主持人	主 题	讨论内容
第46期	2014.3.12	南京市第十三中学本部	曹晨（南京市第十三中学）	体验式班会	·体验式班会课的想法与设计分享 ·体验式班会课的方式
第47期	2014.4.15	南师附中江宁分校	丁正梅（南师附中江宁分校）	辩论式班会	·辩论式班会课的感受与分享 ·什么是辩论 ·辩论式班会在选择主题时应该注意什么
第48期	2014.5.27	建邺高中	袁子意（建邺高中）	生涯规划课程之礼仪与修身	·如何把礼仪融入班会课中
第49期	2014.9.24	南师大教科院	罗京宁（南京市第二十四中学）	班会课程功能定位	·班会课适合选用哪些主题 ·班会课要达到什么目标
第50期	2014.10.23	南京市御道街小学	陈斌（南京市江宁中专）	微电影与班会课	·微电影与班会课结合的方法及成果的介绍与分享 ·为什么借助微电影的形式
第51期	2014.11.24	南京市莫愁中等专业学校	顾霞（南京市莫愁中等专业学校）	班会课与班集体建设	·体验式班会课观赏与评论 ·如何从生活细节中发掘体验式班会课的主题与形式
第52期	2014.12.26	南京市江宁岔路学校	姜书勤（南京市江宁区教育局）	推进班会课程化，打造精品班会课	·班会课程化是我们的需要吗 ·班会课程是学校设置，还是班主任设置
第53期	2015.1.20	南师大教科院	陈斌（南京市江宁中专）	微电影与班会课	·微电影是什么 ·班主任如何做班级和学生的微电影

续 表

序 号	时 间	地 点	主持人	主 题	讨论内容
第54期	2015.3.30	南京市莲花实验学校	罗京宁（南京市第二十四中学）	班会课和学生核心素养的培养	·学校德育工作介绍 ·学生核心素养是什么 ·如何把班会课的作用发挥到位
第55期	2015.4.21	扬子二小	潘校长（扬子二小）	激发潜能，构建儿童成长支持系统	·扬子二小学校相关成果介绍 ·在活动中，我们应该怎样做才能激发学生潜能，促进学生成长
第56期	2015.5.28	南师大教科院	尹湘江（金陵中学）	评与不评——班主任评价的两难困境	·班主任如何评价学生
第57期	2015.6.29	南师大教科院	姜书勤（南京市江宁区教育局）	让学生在评价中体验成长的快乐	·学生评价如何更加关注学生的成长，让学生体验成长的快乐
第58期	2015.9.28	南师大教科院	尹湘江、杨学（金陵中学、南外仙林分校）	班主任专业化的家庭支持系统	·班主任是否在工作当中需要家长的支持，又是怎么操作的呢 ·南外仙林分校家校合作经验分享
第59期	2015.10.10	南京市江宁区科学园小学	陈海宁、姜书勤（江宁实验小学、南京市江宁区教育局）	班主任专业化的学校支持系统暨"随园夜话"系列丛书出版发行仪式	·学校提供了哪些支持，或者为争取学校支持，在你身上发生了哪些故事
第60期	2015.11.30	南师大教科院	李亚娟（南京市教科所）	班主任专业化的心理支持系统	·班主任专业成长的烦恼 ·班主任工作的外部支持系统 ·班主任工作的内部支持系统

续 表

序号	时间	地点	主持人	主题	讨论内容
第61期	2015.12.28	南师大教科院	随园兄弟团（袁子意、潘旭东、尹湘江、韦成旗）	岁月如歌：班主任专业成长的生命历程	·为什么要坚守班主任的位置 ·专业成长故事分享
第62期	2016.4.21	南师大附中新城初中	沈磊（南师大附中新城初中）	班主任专业化的自我支持系统——我们需要哪些基本功	·学校作一些有关培训的介绍 ·学校班主任专业化校本的培养方案 ·班主任对自己有什么期待和要求
第63期	2016.6.3	南京市天印高级中学	胡昌琴（南京市天印高级中学）	班主任专业化发展的理论支持系统	·班主任为什么需要理论 ·班主任需要什么样的理论 ·班主任如何创生理论
第64期	2016.9.20	南师大教科院	尹湘江（金陵中学）	班级作为研究对象：内容与方法	·研究班级的什么 ·怎么进行研究
第65期	2016.10.25	扬子中学	史炳松（杨子中学）	关注学生生涯规划	·关注学生生涯规划，谁关注？是老师关注还是学生关注？会不会限制学生的个性？这个话还没有说完，是限制学生个性的发展，还是限制个性学生个性的发挥呢？再者什么叫作限制呢
第66期	2016.11	南京市莫愁中等专业学校	顾霞、吴申全（南京市莫愁中等专业学校）	关注学生学习状态	·八年"随园夜话"故事回顾 ·《创新班会课（中职卷）》书籍编写过程交流

续表

序号	时间	地点	主持人	主题	讨论内容
第67期	2016.12.22	南师大教科院	尹湘江（金陵中学）	关注班主任工作研究空间	·从哪些方面关注班主任工作研究空间 ·故事案例成果分享
第68期	2017.3	芳草园小学	郭文红（芳草园小学）	班主任如何从特别儿童的身上创生班级教育资源	·孤独症儿童成长故事分享 ·面对特别的孩子，如何形成教育合力
第69期	2017.4.11	建邺实小	袁子意、张梦磊（建邺高中）	关注体育活动中的育人功能	·怎么发挥体育活动的育人功能
第70期	2017.5.15	南师大教科院	顾青（南京外国语学校）	青春写手——班级活动策划与记录漫谈	·班级活动设计与实行过程经验分享
第71期	2017.6.30	南师大教科院	程晓莉（南师大硕士研究生）	我眼中的沙龙	·进行回顾与展望，对前70期的沙龙进行回顾，对未来沙龙的发展进行展望
第72期	2017.8	班主任沙龙聚会	齐学红等	商讨新学期"随园夜话"相关主题	·主要围绕班级管理模式展开
第73期	2017.9.28	建邺高中	袁子意（建邺高中）	班级管理模式解读	·什么是班级管理，它有怎样的模式 ·你如何管理班级，效果如何

续 表

序 号	时 间	地 点	主持人	主 题	讨论内容
第74期	2017.10.26	南京外国语学校本部	顾青（南京外国语学校）	带班模式说之建模认知	・"我"是一个怎样的班主任？用一个词来概括 ・哪些因素影响了自我的概括 ・班主任建模认知所需的信息数据
第75期	2017.11.21	琅琊路小学明发滨江分校	潘月俊（南京市江北新区教育发展中心）	从班级到班集体：班主任的团队领导力提升	・你想想看人们在什么时候会说你是班主任 ・共同分享你亲身经历过的一个班级团队建设过程中的成功事件
第76期	2017.12.27	南师大附中江宁分校	何明涛（南师附中江宁分校）	基于生涯规划的班主任领导力提升	・测试职业兴趣——认识自我 ・故事案例解析 ・南师附中生涯规划教育介绍
第77期	2018.3.28	南师大教科院	魏环君（南外仙林分校）	自主化管理模式的探索与实践	・思考自主性管理能够做什么，不能做什么 ・我为什么要探索自主化的管理 ・自主管理不是为了给班主任老师减负
第78期	2018.4.19	南师大教科院	潘旭东（南京市第十三中学）	家校融合式班级管理模式的实践与探索	・你是如何在班级学生的家庭方面去寻求更多的了解学生的途径和方法 ・家校融合的动力来自哪里 ・主体是谁，如何营造"家校融合式"的班级氛围

续 表

序 号	时 间	地 点	主持人	主 题	讨论内容
第79期	2018.5.17	南师大教科院	李娜（南师附中）	基于人际关系重建的班级管理模式的思考与探索	·还有哪些维度可以了解学生的人际交往状况 ·班主任了解学生人际交往状况的途径与方法有哪些 ·你发现学生人际交往存在哪些问题
第80期	2018.6.21	南师大教科院	华莉、凌何仙、卜珺（镇江润州区）	班级问题个案诊疗的实践与研究	·"问题生"个案诊疗 ·"班级问题"个案诊疗 ·为什么要做问题学生的诊断？班级问题的指向性是什么
第81期	2018.9.25	南师大教科院	韦成旗、杨学、魏环君（南外仙林分校）	解密班级物理空间——班级教室布置和学生座位的社会学思考	·国内外学者对班级物理空间的研究 ·关于中小学班级物理空间的调研 ·教室板块设置的理念、内容、管理与学生成长有何关系？班级课桌椅高度、特殊座位、跟谁同桌与学生的成长有何关系
第83期	2018.11.23	南师大教科院	尹湘江（金陵中学）	班级交往空间建构研究初探	·提到班级交往空间，你在思考什么 ·班级交往空间的文献检索情况 ·利用量表模拟现实班级中的学生交往，探讨不同的交往模式，并就如何更好地促进交往提出意见 ·班级交往空间建构研究的现状介绍

续　表

序　号	时　间	地　点	主持人	主　题	讨论内容
第84期	2018.12.19	建邺高中	袁子意（建邺高中）	"寻美 尚美 创美"对话美术教师	·美术老师示范授课并进行经验分享与交流
第85期	2019.3.14	南师大教科院	吴申全、顾青（南京市莫愁中等专业学校、南京外国语学校）	聚焦生生关系，构建沟通心桥	·展示生生关系现状调查 ·老师对问卷及调查结果提出意见和建议 ·探讨生生关系的影响因素及解决对策 ·进行生生关系的案例分析
第86期	2019.4.18	南师大教科院	李彤、张沉（芳草园小学）	关注班级家长群体	·站在老师/家长的立场上，您如何看待"弹性离校"制度 ·案例和策略分享：您在与家长沟通时，是否遇到过困境 ·优秀班主任智慧分享：如何进行家校沟通
第87期	2019.5.17	南师大教科院	潘旭东（南京市第十三中学）	班级时间管理：问题与思考	·如果可以用一个词或短语概括"班级时间管理"的主要特征，您会怎么说 ·调查结果分享 ·班级时间管理与学生时间管理有何区别 ·班主任的管理理念是什么
第88期	2019.6.28	南师大教科院	罗京宁（南京市第二十四中学）	关注班级教师群体	·"班级教师群体"研究缘起 ·"班级教师群体"怎么建立，怎么运转，怎么评价

续 表

序 号	时 间	地 点	主持人	主 题	讨论内容
第 89 期	2019.9.25	南师大教科院	尹湘江（金陵中学）	不同学科背景下的特色班级文化建设	·根据案例，讨论班主任如何在不同学科背景下实施自己的特色班级文化建设 ·结合自己的一个案例尝试探究如何在不同学科背景下建设特色班级文化
第 90 期	2019.10.31	人民中学	顾琳、李曼莎（南京市炼油厂小学）	基于学生特色的班级特色文化建设	·用一句话概括班级学生特点 ·案例分析：王老师在班级文化建设过程中遇到的困境 ·建设班级文化的路径
第 91 期	2019.11.22	南京市雨花外国语小学	毕言琳（南京市雨花实验小学）	基于资源整合的班级特色文化建设	·班级资源有哪些 ·由实际案例引出问题：如何看待"超硬核"资源利用 ·名师实践分享
第 92 期	2019.12.20	南师大教科院	李曼莎（南师附中新城小学怡康街分校）	延展与共生：基于学校文化的班级特色文化建设	·学校文化与班级特色文化之间是一种怎样的关系 ·不同学校的老师针对自己的班级文化建设实践进行案例分享 ·帮助本小组内的一名成员，绘制一张基于学校文化的班级特色文化建设蓝图

续 表

序 号	时 间	地 点	主持人	主 题	讨论内容
第93期	2020.5.24	腾讯会议	王晓波（常州市武进区实验小学教育集团人民路小学）	后疫情时代班主任工作大家谈（一）：班主任角色再思考	·后疫情时代的解读 ·后疫情时代，有哪些来自教育内部的新挑战/新机遇 ·后疫情时代，要面对怎样的外部环境新格局 ·面对新挑战和新格局，班主任如何回应，班主任角色如何转换
第94期	2020.6.21	腾讯会议	何明涛（南师附中江宁分校）	后疫情时代班主任工作大家谈（二）：后疫情时代家校合作新思维	·如何有效引导学生快速适应学习生活 ·后疫情时代，家校关系有哪些新变化 ·后疫情时代、家校合作面临哪些新的挑战，形成了哪些新的格局 ·班主任如何在新形势下整合力量促进育人工作 ·疫情之下，对家校良好合作的反思与回归
第95期	2020.7.20	腾讯会议	杨学（南外仙林分校燕子矶校区小学）	后疫情时代的班主任工作大家谈——班家合作新时空	·从班级实际情况谈疫情前后班家合作的特点 ·可以采用何种方法促进有效的班家合作 ·后疫情时代的家校合作现状如何 ·班家合作推进"隔代互学"项目

续　表

序　号	时　间	地　点	主持人	主　题	讨论内容
第 96 期	2020.8.15	腾讯会议	顾青（南京外国语学校）	后疫情时代的班主任工作大家谈——构筑身心健康新防线	·后疫情时代学生心理健康调查结果汇报 ·如何找好后疫情时代身心健康教育的突破口 ·列举相关理论，讨论理论适用的情境 ·如何缓解学生考前焦虑情绪 ·善用事例，发挥榜样的无穷力量
第 97 期	2020.9.25	南京市科利华中学棠城分校	陈宗国（南京市科利华中学棠城分校）	家校共育	·棠城家风馆介绍 ·班级家校合作实践活动汇报 ·关于家校冲突、原因及路径的讨论
第 98 期	2020.10.23	南京市江北新区浦口实验小学迎江路校区	陆华明（南京市江北新区浦口实验小学）	用故事建设班集体	·五位老师分别从学生、家长、教师、自我、社会这五个方面来谈谈自己的教育故事 ·教师对于班集体建设的思考和分享
第 99 期	2020.11.27	南京师范大学附属中学新城初级中学	邵静、胡源（南师大附中新城初中）	后疫情时代中学生成长规划指导：成长内驱力的激发	·中学生成长内驱力来自哪些方面 ·如何激发学生成长的内驱力 ·后疫情时代，班主任需要具备哪些素养去激发学生成长内驱力

附录二 南京师范大学班主任中心出版书目一览表

一、单本书籍目录

书　名	主　编	出版社	出版时间
《发展性班级教育系统》	班华	南京师范大学出版社	2000年10月
《现代德育论》	班华	安徽人民出版社	2001年2月
《班级管理》	齐学红	武汉大学出版社	2011年7月
《新编班主任工作技能训练》	齐学红、袁子意	华东师范大学出版社	2011年12月
《班会课的设计与实施》	齐学红、袁子意	华东师范大学出版社	2013年8月
《班主任专业基本功》	齐学红、黄正平	南京师范大学出版社	2013年7月
《学生生存》	齐学红	江苏凤凰教育出版社	2014年12月
《优秀班主任都是沟通高手》	齐学红	中国人民大学出版社	2014年9月
《班级管理》	齐学红	北京师范大学出版社	2015年8月
《学校德育与班主任专业成长》	齐学红	华东师范大学出版社	2018年2月
《班主任的家校沟通》	殷飞	华东师范大学出版社	2013年7月
《新时代班主任——创新实践与优秀班会案例（中学版）》	齐学红	教育科学出版社	2021年
《新时代班主任——师德师风与教育情怀》	齐学红	教育科学出版社	2021年

二、丛书书目

丛书名	丛书主编	书　名	主　编	出版社	出版时间
21世纪班主任文库		《小学班主任工作艺术》	陈宇光	南京师范大学出版社	1999年8月
		《中学班主任与心理指导》	林建华、曹树	南京师范大学出版社	1999年4月
		《中学教育力量整合》	缪建东、徐亚莲	南京师范大学出版社	1999年8月
		《中学班级文化建设》	李学农	南京师范大学出版社	1999年4月
		《中学班集体建设与活动》	辜伟节	南京师范大学出版社	1999年4月
		《中学班主任实施素质教育指南》	班华、陈家麟	南京师范大学出版社	1999年7月
		《中学生人际交往指导》	柳夕浪	南京师范大学出版社	1999年4月
		《初中班主任》	李学农、陈震	南京师范大学出版社	1999年12月
		《高中班主任》	班华、王正勇	南京师范大学出版社	1997年12月
		《小学班主任》	高谦民、黄正平	南京师范大学出版社	1997年12月
全国中小学班主任培训用书·班主任专业化	班华、高谦民	《今天，我们怎样做班主任——优秀班主任成长之路》	齐学红	华东师范大学出版社	2006年12月
		《今天，我们怎样做班主任（中学卷）》	王宁	华东师范大学出版社	2006年12月
		《今天，我们怎样做班主任（中等职业学校卷）》	匡瑛、朱倩、崔景贵	华东师范大学出版社	2006年12月

续　表

丛书名	丛书主编	书　名	主　编	出版社	出版时间
中小学班主任培训教材	班华、刘明远	《初中班主任》	李学农、陈震	南京师范大学出版社	2007年3月
		《高中班主任》	班华、王正勇	南京师范大学出版社	2007年3月
		《职业学校班主任》	齐学红、马建富	南京师范大学出版社	2007年7月
		《班主任德育理论与操作》	乔建中	南京师范大学出版社	2007年2月
		《班级心理健康教育理论与操作》	傅宏	南京师范大学出版社	2007年11月
创新班会课丛书	齐学红	《创新班会课（小学卷）》	丁正梅、何明涛	教育科学出版社	2016年4月
		《创新班会课（初中卷）》	罗京宁、吴杨	教育科学出版社	2016年3月
		《创新班会课（中职卷）》	吴申全、顾霞	教育科学出版社	2016年7月
班主任工作十日谈丛书	齐学红	《班主任工作十日谈：新手上路》	齐学红、袁子意	教育科学出版社	2015年9月
		《班主任工作十日谈：走进学生》	吴申全、丁正梅	教育科学出版社	2015年9月
		《班主任工作十日谈：道法自然》	韦成旗、杨学	教育科学出版社	2017年12月
		《班主任工作十日谈：教育素养》	韦成旗、杨学	教育科学出版社	2021年6月
		《班主任工作十日谈：幸福老师》	齐学红、李亚娟	教育科学出版社	2021年3月
		《班主任工作十日谈：对话家长》	凌荷仙、张伟	教育科学出版社	2021年7月

附录三 从师生关系开始，让教育更"松弛"

——走进齐学红"随园夜话"班主任沙龙

彭一皓

大部分教师，对班主任这一岗位都"爱恨交杂"。在这份复杂的感情中，喜悦一半，来自师生近距离交往中的种种感动、惊喜；烦恼一半，源于班主任工作的辛苦、繁杂、琐碎。

研究班主任工作的齐学红教授，对班主任研究同样也是"爱恨交杂"。"爱"，是她对曾经从事过的基础教育和教师群体的深厚感情；"恨"，实则是一次次痛苦和挣扎，班主任研究作为一个实践性极强的领域，在整个教育理论界是不受重视的，与之相伴的是研究者的付出难以得到学术评价体系的承认。

当同样怀揣着"爱恨交杂"复杂感情的班主任老师和齐学红教授相遇在"随园夜话"班主任沙龙中，却能彼此感染，相互激励，相伴走过13年的时光。13年106期，成为他们彼此生命中的一段美好记忆。这是一个人和一群人的故事，也是一个"坚持下去，总会得到人们认可"的故事。峡谷相遇，结伴而行，他们走向了属于自己的山顶。

跳出日常看教育

"随园夜话"班主任沙龙，名字揭示了几点关键要素：地点、时间、人物。沙龙放在南京师范大学随园校区，白天老师们上班，所以活动安排在晚上。沙龙面向广大一线班主任老师，没有门槛，所有老师只要有时间有精力都可以参加。这便是"随园夜话"班主任沙龙（后文简称"随园夜话"）名称的由来。

"随园夜话"的创立缘于一份对中国班主任事业的传承与接续。南京师范大学班主任研究中心作为国内第一个专门从事班主任研究的学术机构，创建于1994年。中心从2007年开始承担了教育部班主任国家级培训项目（简称"国培项目"），齐学红教授作为班主任国培项目的首席专家，承担了全国中小学班主任案例式培训教程《精神家园共营造——班主任与每个班级》的编写工作，为此，她邀请了很多一线老师撰写自己班级的案例，经过几个月的集体研讨、反复修改，案例式培训教程顺利开发出来。

在案例开发过程中，班主任老师把自己的工作用案例的方式加以呈现，通过案例开发和研究，这些班主任老师得到了迅速成长。项目完成后，参与的老师们受益良多，希望将这种方式延续下来。于是，齐学红与七八位班主任老师一起发出倡议，每月开展一期沙龙式研讨，这就有了"随园夜话"的创立。

依托高校专业研究机构开展的系列沙龙式研讨活动，决定了它走的是一条班主任教研的专业化发展之路，而非普通的班主任故事分享会。在齐学红看来，学科老师有各式各样的教研活动，班主任每天都要面对大量的与学生、家长交往过程中的现实问题，却没有教研活动和专业团队指导，只能自己摸着石头过河，既不合理，也不利于班主任教师的专业成长。齐学红看到且填补了这一空白，"随园夜话"作为一种大学与中小学合作模式，长期且系统地对班主任进行专业引领，在国内属于首创。

在齐学红教授看来："'随园夜话'是一种生活教育学，它将班主任日常生活中的问题变成一个个研究课题；'随园夜话'也是一种实践教育学，它把大家认为好的教育观念付诸实施。"随园夜话长达13年的教育坚守和学术追求，具体体现在从"话题"到"主题"再到"课题"三个发展阶段及其特征上。

第一阶段为"话题"研究，主要围绕一线班主任最关心的实践层面的具体问题展开研讨；第二阶段为"主题"研究，通过系列化的主题设计和视野拓展，为沙龙式研讨注入理论的元素；第三阶段为"课题"研究，将课题研究与沙龙活动相结合，理论研究与行动研究相结合，成为"随园夜话"沙龙活动新的增长点和创生点。

"如果一个班主任老师所有的注意力都集中在班级工作的实际操作层面，很难跳出日常的事务性工作思维，站在教育角度看待自己的工作。"齐学红教授希望借助专业的理论思维，引领广大的一线班主任老师跳出自己的学科以及班主任的日常工作，站在教育的角度看待班主任工作。

齐学红教授用她"十年磨一剑"的学术坚守，迎来了"随园夜话"丰硕的成果，在全国班主任领域产生了广泛而深远的影响。其中，"班主任工作十日谈"系列、"创新班会课"系列已由教育科学出版社结集出版，其他的系列成果或以论文或以著作方式出版。越来越多的班主任老师参与了编写工作，为自己的班主任专业发展奠定了扎实基础。

好的师生关系发生在课堂之外

"教育就是一棵树摇动另一棵树，一朵云推动另一朵云，一个灵魂唤醒另一个灵魂。"换言之，教育的本质从来都是人影响人。班主任作为离学生最近、对学生影响最大的"重要他人"，无疑是教育工作者中最贴近教育本质的一群人。

一个人如何影响另一个人？其中起着关键影响作用的是人与人之间的关系，班主任工作的核心在于如何构建良好的师生关系，良好师生关系的构建离不开日常生活中的师生交往——书本上的知识永远不可穷尽，但老师在生活上、人格上给予学生的关心和爱护，无形中却能转换为一种助推学生自我发展的力量。一旦拥有了这种力量，学生会想尽一切办法去求知，去克服学习及至生活中的诸多困难。齐学红教授的这一观点在诸多优秀班主任身上得以印证。在她看来，智慧的班主任往往既有对班级的掌控能力，又注重教师职业特有的情感性劳动，善于用情感性因素来影响学生。

教师的劳动其实是一种情感性劳动。情感性关系不仅体现在师生之间，还体现在家校之间。齐学红分享了她在台湾交流访学时听到的一个校长的故事：这位校长每天早上第一个到校，主动与每一位学生和家长打招呼问好。有一次学校发生了校园欺凌事件，一方父母听说孩子被欺负，本打算找几个"马仔"去报复另一方小孩及父母，但念及校长每日清晨对学生和家长的情感问候，以及平日对学生的关爱有加，便放弃了报复的念头。

齐学红自己也向往着充满情感性的师生关系。许多大学老师认为大学生已是成年人了，不需要在师生关系上付出努力，只要把课上好就行了。她并不这样认为。只要出差，便会带些当地的特产与学生分享；课余时间也会耐心地与学生聊聊学习外的话题……在她看来，如果师生之间仅停留于教与学的关系，纵使老师如何诲人不倦，耐心解惑，这种关系也只是一种制度化关系。制度化的师生关系强调师道尊严，地位上的不平等最终将会导致师生关系的紧张。"只有在自然状态下的学习、交往才对一个人的生命成长更有滋养。从这层意义上来说，我们可以追求更松弛一些的师生关系。"

老师和学生之间的关系不是一成不变的，而是流动着的多向度的，是充满着相互期待和风险的，只有有心流动的课堂才更有魅力。采访时，齐学红勉励的话语中充满了对教师职业的理解与温情："教师随着自身身份的变化、年龄的增长、个人阅历的增加，对学生、对师生关系也会有不同的理解。因此，不存在最好的师生关系，而是应该朝着更好的师生关系而努力追求。"

教育需要借助很多双眼睛

不做班主任的教师生涯是不完整的，这几乎已经成为教师群体的共识。而现实情况是并非每一个老师都能成为班主任，比如体育老师成为班主任，家长们的态度总是褒贬不一，甚至还会联名反对；同时，并非每一个老师都愿意成为班主任，班主任工作繁多琐碎，让身心俱疲的老师忍不住打起退堂鼓。"班主任荒"的难题如何破解？如何让老师们愿意当班主任，而不是被任命？在齐学红的著作《变革学校——一位中学校长的口述史》一书中，完整呈现了南京外国语学校仙林分校钱铁锋校长对班级管理体制改革的实践与探索。

钱铁锋校长把教育系统和医院系统进行了比较。在医院，凡是大型手术都要经过医生集体会诊。具体到学校，任何一个学生问题同样是非常复杂的：在语文学科表现好的学生，在数学或其他学科上就不一定；在学校表现好的学生，在家庭里也不一定表现得好。和医院做大型手术需要医生集体会诊一样，一个老师不可能全面地"诊断"，即使是班主任也只能凭借自己的主观印象以及与学生的有限接触来"诊断"。因此，教育需要借助很多双眼睛，从不同角度去看，每一个学生到底是怎样的。所以，南京外国语学校仙林分校进行的班级管理体制改革，便是以班级为单位，所有任课老师一起组成班主任教育团队，真正实现了全员育人。

齐学红把班级管理体制改革比作撬动基础教育改革的"阿基米德杠杆"。从班级这一学校教育教学的基本单位入手，变计划经济体制下的班主任个人负责制为遵循市场经济发展规律的班级教育小组集体负责制，从学校教育关系的重组引发学校管理体制的全面改革，让"人人都是教育工作者"从理想变为现实。她认为，班级管理体制改革代表了中国未来班主任制度的发展方向，"不是说班主任一个人管不了学生，而是要让每一位老师都能发挥作为一个教育者既教书又育人的职业属性"。站在班主任的立场思考问题，她对班主任制度建设有着进一步的期待。在她看来，班主任工作的理想状态是带完一届以后，能有一个休整期充分地反思班主任工作，进而对这份工作有更为深刻的理解和认识。

从16岁填报高考志愿时对师范专业充满激情，立志成为一名中学教师，到一路求学不断成长，如今成为一名大学教授，齐学红在教师岗位上已经辛勤工作了40年，她对教育事业的热爱初心不改。谈及教育，她依旧心中有爱、眼里有光，"实际上，每个人都可以在自己的能力范围内，去做一些对教育有所改变的行动"。

"随园夜话"沙龙成员访谈

话题一：在"随园夜话"班主任沙龙的最大收获是？

杨学（南京外国语学校仙林分校燕子矶校区小学部教师）：

在"随园夜话"，我最大的收获就是得以有机会认识这么多拥有教育情怀、自带光环的一群可爱的人。他们是敬爱的班老师、齐老师、黎鹤龄所长，亲爱的郭文红、吴申全、尹湘江等兄弟姐妹。

他们由内而外散发出的人格魅力深深地吸引着我，他们锐意进取、虚怀若谷的生命状态真切地感染着我，我期待自己也能成长为像他们那样让人温暖的人。在他们的引领下，我也渐渐成了痴迷于班主任工作，迷恋班主任工作研究的人。

吴申全（南京市莫愁中等专业学校教师）：

13年，106期，我参加"随园夜话"约90期，除了两次特殊时期在生孩子外，我都在这里，13年不间断。和沙龙中的很多人一样，一下班，饥肠辘辘，奔向沙龙地点，无论路程远近。

我喜欢沙龙这种自由的理念，我喜欢在这种自由的空间里，和一群来自不同地域、拥有不同文化背景、处于不同年龄层次，但出于对教育的热爱，为了共同的教育信念走到一起的人交流讨论，让观点、心灵自由地碰撞，不知不觉中，引导人、启发人、影响人、帮助人。

我喜欢齐教授的研究生们和黎鹤龄主任拍的每一期照片，我看到了每个人不同时期的样子。我被70多岁的黎鹤龄主任感染，他参加了100多期沙龙，他说的话做的事真的就是"请党放心，强国有我"，在他的身上，我看到了一代人的爱国精神。

我喜欢齐教授每一期沙龙最后的点评，讲真事说真话，充满真知灼见，触发思考。我被自由和人深深地吸引，自觉学习，沙龙已然成为我生命成长中的一部分，不是要我来，而是我要来。

沙龙见证了我从小姑娘到为人妻为人母的过程，看到了我从新手班主任到成长型班主任的变化。齐教授也见证了我的成长，她为我高兴，就像一个班主任在实践中培养学生一样，等我自醒。

就像苏霍姆林斯基说的那样，有时候宽容引起的道德震撼比惩罚更强烈。被宽容、被等待的我是幸福的，我也将这种幸福带到家庭和学校，带给孩子和学生，我更加热爱生活，更加喜欢当老师、当班主任！就像人生若只如初见时的惊喜一样，小心地呵护"班主任"这个幸福的名字。

话题二：成为一名优秀的班主任，有哪些关键要素？

杨学：

我原本是一个十分内向，在众人面前讲话就会脸红、心跳加速的人。但工作的第二年，我撰写的一篇班主任心理研究的个案研究获得了全国心理论文评比一等奖。当时区教科所的黎鹤龄所长特别邀请我给全区心育骨干教师举行一次讲座。虽然我对着镜子已练了几十遍，作了充分准备，但一上台仍手心发凉，不敢抬眼看听众。讲座结束，我陷入了深深的自责中，黎所长却走到我身边，笑着对我说："杨学，你讲得很好，一定会给大家带来帮助的！"我深知这是黎所长对我的鼓励，自己远没有他讲得那么好。可正是黎所长的这次鼓励，激起我对班主任工作研究的极大热情。

教师的专业成长离不开团队的支持，"随园夜话"就是我生命成长的精神家园。记得第一次参加沙龙，我就被优雅、知性的齐学红教授的个人魅力深深吸引。追随齐教授到过台湾、青岛、苏州、常州等地访学交流；参加过全国大学慕课的拍摄；给省培优秀班主任和南京师范大学学生授课；作为主编参加"班主任工作十日谈"丛书的编写……齐教授为我这个普通班主任打开了广阔视野与成长空间，让一向不愿意做行政、只爱埋头做研究的我，主动参加新校区的德育管理工作的竞聘，愿意为更多的班主任、孩子和家长服务。

在这里，齐教授对教育现象一针见血的睿智剖析，总能让我醍醐灌顶。德高望重的班华教授对班主任工作的独到见解，带着我透过现象看本质。优秀班主任的管理案例，让我深受启发与感动。最幸运的是，在沙龙，我认识了许多拥有教育情怀的老师们，在一个个教育话题的探讨中，在一个个教育现象的研究中，我们每个人都获得了作为班主任的职业幸福感。

吴申全：

喜欢当老师，工作近20年初心不变。记得刚当老师第一年的教师节，在学校种了法青树，庆祝自己的梦想成真，激励自己好好当老师。这树见证了我和一届又一届学生的成长，也记录着它和我、班级、学生的很多美好故事。这么多年，激情不变，尊重、关心每一个学生；理想不变，为每一个学生的可持续发展不断努力；初心不变，为当一个好老师不断努力。

从教师到班主任，如何走好每一步？喜欢是最强大的源动力。喜欢当班主任，就会动脑筋，站在学生的角度，根据学生的特点，创设不一样的班级活动；喜欢当班主任，付出再多，心甘情愿，也不会觉得辛苦，那种苦只是身体上的，心理上是愉悦的。

我的初心，是竭尽全力陪伴职校学生成长，这是一份源于自己喜欢当职校老师的个人教育情感，这是一个为把自己和学生培养成为优秀的社会公民甚至世界公民而努力奋斗的普通公民的梦想。

附录四　齐学红：每个人最好的样子，就是教育最好的样子

万晓东

"我要当老师"

1965年，齐学红出生在山东省邹平县一个教师家庭。从小受到的是革命理想主义教育，雷锋大公无私的精神、共产主义的远大理想，融化在那一代人的血液里，寻找可以全身心投入的事业并为之献身，是许多人毕生的追求和梦想。教育对于齐学红来讲就是这样一项事业。时隔多年，当回忆起自己16岁填报高考志愿时的场景，她依旧清晰地记得当时激情澎湃的样子，父亲问她将来想做什么，她毫不犹豫地说："我要当老师。"像父亲一样做一名老师，用自己所学的知识成就一番事业，一直是她的梦想，并伴随她几十年的奋斗历程。

从山东一所专科学校的中文专业毕业后，齐学红做起了中学教师。那时她的父亲是一名中学校长，本可以有很多机会供她选择，比如去职业学校找一个更轻松的教师工作，但是她认为自己就应该做一名中学教师，尽管中学教师比较辛苦。在做中学教师兼班主任的四年里，她打下了教育人求真务实的生命底色。

做一个永远的学习者

虽然当了老师，但齐学红认为自己的专业水平需要不断学习提高，读书

的梦想一直埋藏在她的心中。在四年工作中,她与学生一起学习,一起成长。她认为老师要做一个永远的学习者,老师之于学生,就像一桶水和一杯水,只有自己不断地学习,才能够给出学生这一杯水。当年她所在的语文教研组有非常浓厚的学习氛围,当时年轻人没有什么学习资源,也没有那么多的业余生活,很多人都在打牌喝酒中消磨时间,但是他们教研组的老师们工作之余都在读书。为了考研,几个年轻老师自己花钱聘了一个大学英语老师给他们教英语。在学校,操场是她非常喜欢的地方,因为每天早上都在操场上背单词。

在山东曲阜师范大学读研期间,齐学红真正找到了读书的感觉。整个研究生阶段,她以一种非常自由的状态读书、求知,充分享受到读书的快乐。她认为一个人的阅读史就是一个人的精神成长史。这期间她广泛阅读苏霍姆林斯基、尼采、李泽厚、雅斯贝尔斯等思想家的著作,在文学、哲学、教育学的思想启蒙下,心智得以成熟,精神世界得到不断丰盈,看到了外面的世界,接受了新的思想。读书生活作为一种人生启蒙,是非功利的、享用性的,因此她形成了谦卑随和、淡泊名利、阳光自信的处事风格,进而对周围人产生了积极向上的感染力。

从教师向研究者的角色转变

研究生毕业后,在石油大学做教师、杂志编辑的七年时间里,齐学红依旧保持着一边工作一边读书的好习惯,后来考上了华东师范大学的博士生。中学教师的四年生活使她对基础教育充满感情,给她一种没有过够的感觉,于是她选择到一所农村中心学校做自己的博士论文研究,在那所学校前后待了一年多时间。她认为那是自己真正研究生活的开始,从作为一名中学教师到把教师生活作为自己的研究对象,实际上是从教师向研究者角色的转变。能够顺利地完成博士论文,主要得益于导师金一鸣先生手把手的指导,她在做中学的过程中得到了最好的研究方法训练。博士后研究期间,她同样选择了一所小学做田野研究。通过一次次地做研究回到学校,每一次回归都会有一些新的研究心得和体会。

好的教育就是一种成全

2003年博士后出站后齐学红留在南师大教科院工作，2005年担任班主任研究中心主任，并一直做到了现在。因为自己从一名中学教师一路学习，一路成长，特别能体会一名普通中小学老师在成长过程中，如果能够遇到名师指点是多么的幸运。她深知普通教师求学成长道路的艰辛，所以她的初心就是"好的教育就是一种成全"，希望能把关爱和支持延续到更多班主任身上。

南师大班主任研究中心作为国内第一个专门从事班主任研究的机构，从2007年开始承担教育部班主任国培项目，齐学红作为该项目的首席专家，承担了全国中小学班主任案例式培训教程的编写工作，她邀请了很多一线老师来写自己班级的案例，再经过两三个月的集体研讨、反复修改，国培项目的案例式培训教程《精神家园共营造——班主任与每个班级》顺利开发出来。每年有一万名班主任教师进行线上学习。在案例开发过程中，班主任老师把自己的工作用案例的方式加以呈现，通过案例开发，这些班主任也都得到了非常好的成长。项目完成后，参与的老师们非常感慨，希望定期到南师大来开展研究，将这种方式延续下来。

"随园夜话"的13年坚守

齐学红与七八位班主任老师一起发出倡议，每月一期开展沙龙式研讨，因为沙龙放在南师大随园校区，白天老师们都上班，沙龙活动放在晚上，所以就叫"随园夜话"。从2008年暑假的第一期班主任沙龙开始，这个活动延续到2021年，已经做了13年，一共举办了106期。

"随园夜话"班主任沙龙面向广大一线班主任老师，没有门槛，所有老师只要有时间有精力都可以来参加研讨活动。沙龙活动实际上是一种班主任教研，这在中国是非常有开创性的研讨活动。因为学科老师有各种教研活动，中国的班主任面对大量的与学生、家长沟通的现实问题，却没有教研活

"随园夜话"第100期

动,没有团队指导,老师们都是摸着石头过河,有些人可能到处碰壁,非常有挫败感,享受不到做班主任的快乐,所以很多人不愿意做班主任,在中国出现了所谓的"班主任荒"。

"随园夜话"拥有非常自由的教研氛围,每个月有话题研讨,有专家点评,老师可以看到外面的世界,看到更多高水平的老师如何处理问题,还有专家引领,让班主任的成长不局限于小范围的低水平重复。现在不仅仅是南京和江苏省内,省外的一些地方也会组织团队前来学习。

中国班主任教研的创新之举

齐学红认为,"随园夜话"是一种生活教育学,它带着老师将日常生活中的问题变成一个个研究课题;"随园夜话"也是一个实践教育学,它可以把大家认为好的教育观念付诸实施。南师大班主任研究中心发起者班华教授对"随园夜话"给予很高的评价,他认为"随园夜话"本身就是一种教育创新,中国的班主任教研以这样一种大学跟中小学合作的方式开展,是一个首创。一些非常有教育情怀的高校学者、专业人士无私地引领班主任的专业成长,使"随园夜话"可以行稳致远。

相亲相爱一家人

作为沙龙的发起人,齐学红是个有心人,把"随园夜话"每一期活动以录音录像的方式记录下来,由研究生把所有内容整理出来。"随园夜话"沙龙成果于2015年陆续出版,目前已经出版了五本。这些书的主编都是由沙龙核心成员来担任,这也是老师们特别有获得感的具体体现。过去老师们只能读别人的书,现在则从沙龙的参与者变成了书的主编,"随园夜话"为一线班主任的成长提供了非常好的平台。

学术是要有坚守的

在齐学红教授近20年的班主任研究道路上,她的内心也是有过痛苦和挣扎的。班主任作为一个实践性很强的研究领域,在整个教育理论研究中是不受重视的,曾经她觉得花了那么多时间和精力,自己的付出难以得到学术评价体系的承认,为此也有过要放弃的想法。俗话说,一个人的事业可以走得很高,一群人的事业却可以走得很远,当她想要放弃的时候,是"随园夜话"团队的老师推着她继续前行。现在她认为,只要是自己认定有价值的事情,也许当下的评价体系不能给予认可,但是坚持下去,总会得到人们认可的。她给年轻老师的一个中肯建议是:"好的学术是要有坚守的。"

齐学红在"随园夜话"第100期现场

关注班级管理体制改革

作为人类学田野研究的专家学者,齐学红还关注了中国班级管理体制改革的一个重要事件,即南京外国语学校仙林分校钱铁锋校长在任期内做的班级管理体制改革。她认为这个改革实践改变了当下班级教育的生态,就是组织所有老师参与育人工作,这也符合当下"全员育人"的教育理念。她认为,老师要实现这样一种角色转变,需要借助体制改革,在班级里,班主任、学科老师共同组成一个教育小组,全面负责学生的教育和管理,包括实行学生导师制。南外仙林分校的班级管理体制改革历经十年,齐学红见证了这一改革从酝酿到推行再到实施过程中遇到的困惑及问题等。2021年,她出版了记录这一改革的新书《变革学校——一位中学校长的口述史》,从钱铁锋校长的生活史的角度,剖析为什么是由他来推进这项改革,这项改革和钱校长的个人生活经历、工作经历、成长史之间到底有着怎样的联系。从校长口述史中透视一所学校的变革,这在口述史研究中属于首创。

访谈最后,齐学红认为,在中国要形成班主任教研的良好生态,班主任需要团队力量的支持。作为高校理论工作者,不能只做摇椅上的学问,要在投身中国教育改革的实践中不断创生理论,通过理论去指导实践、引领实践,这是一个教育研究者对社会的一种责任和担当。正如她所说:"对教育多一份敬畏,对老师多一份成全。每个人最好的样子,就是教育最好的样子。"